Das Buch der Leidenschaft

Herausgegeben von
Hans Christian Rohr

Schneekluth

Inhalt

Marlen Haushofer
Der erste Kuß

Dorli sitzt vor ihrem Lateinbuch und übersetzt. Was muß ich noch alles erledigen? denkt sie. Die Geometrieaufgabe kann ich eigentlich morgen früh abschreiben. Die Lateinvokabeln lern' ich im Bett und das englische Gedicht in der Pause. Chemie muß ich halt riskieren. Ich werde mir zwei Taschentücher mitnehmen, mit einem werde ich mir ununterbrochen die Nase putzen und das andere an die Schläfe pressen. Dann wird er mich nicht prüfen.

Ich werde das rosa Dirndl anziehen, überlegt Dorli weiter, darin schau ich schon ganz erwachsen aus. Schnell, Gretl wird schon ungeduldig sein. Gretl hat auch keine Lust, heute zu lernen. Sie will sich im Park hinsetzen. Überhaupt, sagt sie, wozu lernen wir das alles? Wenn ich fertig bin, heirate ich sofort.

Im Park wäre es noch viel schöner, wenn man in die grünen Rasenflächen steigen könnte, aber das ist nicht einmal den Kindern erlaubt. Nur die Hunde kümmern sich nicht um die Verbotstafeln und wälzen sich vergnügt auf dem kurzgeschnittenen Gras. Dorli beneidet sie ein bißchen und sieht ihnen gedankenvoll zu.

Dann kommen zwei junge Männer vorbei – eigentlich sind es noch gar keine richtigen Männer, sie tun nur so. Gretl errötet glühend, denn einer der beiden ist ihr Freund, und sie pflegt abendliche Spaziergänge mit ihm zu unternehmen. Dorli hat keinen Freund, und die anderen Mädchen können das nicht verstehen.

Der zweite junge Mann ist ein wenig älter als Gretls Freund und trägt einen winzigen Schnurrbart.

Wahrscheinlich ist er einmal sitzengeblieben, denkt Dorli mißtrauisch. Vielleicht hat Gretl das absichtlich so eingerichtet, und ich hab' ihn jetzt auf dem Hals.

Plötzlich erwacht ihr Ehrgeiz. Warum soll ich nicht mit ihm spazierengehn? Ich laß mich nicht mehr länger auslachen von den anderen. Warum soll sich in mich kein Mann verlieben? Vielleicht ist er gar nicht so lächerlich, wie er aussieht, man müßte es einmal mit ihm versuchen. Der junge Mann heißt Kurt, und er erzählt ihr sofort, daß sein Vater ein Modenhaus besitzt.

Wozu erzählt er mir das? überlegt Dorli. Will er protzen? Aber ganz nette Augen hat er und hübsche Haare. Voriges Jahr war er im Sommer am

Attersee. Kunststück, wenn der Vater ein Modenhaus hat! Dorli war den ganzen Sommer zu Hause, und es war furchtbar langweilig. Nicht einmal tanzen darf sie gehen, so altmodisch denkt ihr Vater. Wie ein Kind behandelt er mich immer. Ich bin aber kein Kind mehr, und ich werde mich jetzt verlieben, denkt sie in einer Aufwallung von Trotz.
Der junge Mann findet es an der Zeit, ein Kompliment anzubringen. Noch nie habe er so hübsche Haare gesehen und so tiefblaue Augen. Dorli weiß genau, daß sie ganz normale braune Haare und graue Augen hat, aber sie fühlt sich doch sehr geschmeichelt.
Da liegt ein großer Stein auf dem Weg, höchstens ein Blinder könnte ihn übersehen. Für Kurt aber ist er ein Anlaß, das Mädchen sanft zu stützen. Das ist eine ritterliche Geste, die immer ihre Wirkung hat. Eigentlich ist es kein unangenehmes Gefühl, ein bißchen gehalten zu werden. Mit den Brüdern kann man nur raufen.
Ich möchte wissen, überlegt sie, was es für ein Gefühl ist, wenn er den Arm um mich legt.
Kurt scheint wirklich nicht unbegabt zu sein. Er hat sich einen netten, einsamen Weg ausgedacht, am Fluß entlang unter überhängenden Bäumen. Man muß eng beisammen gehen, denn der Weg

ist ein bißchen schmal. Manchmal streifen die tiefen Zweige Dorlis Haar und Schultern, dann hebt Kurt die lästigen Äste hoch. Daß er dabei Dorlis Wange streift, ist der reine Zufall.
Endlich, als Dorli gerade gar nicht darauf gefaßt ist, legt er den Arm um ihre Schulter. Es ist ein wenig beschwerlich, so zu gehen. Was wird jetzt kommen, denkt sie, ob die Liebe so anfängt? Bestimmt bekomm' ich gleich Herzklopfen.
Eine Bank steht am Wegrand. Kurt ergreift die Gelegenheit. Er erzählt in langen Absätzen mit düster gesenkter Stimme, daß ihn die Schule anwidere, weil seine Kameraden so unreif sind, er ist doch ganze zwei Jahre älter als die anderen.
Wieso? denkt Dorli. Ist er also zweimal sitzengeblieben?
Sie hat ganz ihren Vorsatz, sich zu verlieben, vergessen und lehnt nachdenklich den Kopf zurück, gerade auf Kurts Hand, die auf der Lehne liegt.
Er streichelt Dorlis Haar. »Kleines Lockenköpfchen«, murmelt er zärtlich.
Eigentlich ein furchtbarer Unsinn, denkt Dorli flüchtig, dann überläßt sie sich dem beunruhigenden fremden Gefühl und schließt die Augen.
Kurt flüstert ein paar heiße, unverständliche Worte und küßt sie mitten auf den Mund, und noch einmal und immer wieder.

Sein kleiner Schnurrbart sticht, und Dorli findet ihn plötzlich sehr unangenehm. Sie will seinen feuchten Mund nicht auf ihren Lippen, und außerdem bekommt sie zuwenig Luft. Heftig stemmt sie beide Fäuste gegen seine Brust. Aber Kurt faßt das als Aufforderung auf, noch weiterzugehen, und küßt sie gewaltsam auf den Hals.
Pfui, wie widerlich! Empört macht sich Dorli frei. Sie zittert vor Zorn, und Tränen stehen in ihren Augen.
Das soll die Liebe sein? Mit einemmal haßt sie den jungen Menschen. Wie lächerlich er aussieht mit seinen runden, erstaunten Augen und dem kleinen Schnurrbart – wie ein großer Kater! Sie beginnt zu lachen, und das ist wie eine Befreiung.
Noch einmal, denkt sie, soll er so etwas versuchen!
Aber der junge Mann denkt nicht daran, blutübergossen steht er da, sein Mund ist nicht mehr blasiert, sondern nur unendlich töricht. Man müßte ihm wirklich helfen.
Dorli kann schon wieder ganz normal reden und fordert ihn zum Heimweg auf; sie darf nicht zu spät kommen zum Abendessen.
Ganz still sind beide auf dem Rückweg. Kurt hat

es aufgegeben, lästige Zweige beiseite zu schieben oder Dorli zu stützen, wenn ein Stein auf dem Weg liegt. Er fühlt sich betrogen und ist wütend.
Die Mücken tanzen. Also wird es morgen wieder schönes Wetter geben, und übermorgen, und dann den ganzen langen Sommer. Man müßte irgend etwas anstellen, zum Beispiel auf den höchsten Baum steigen und mit ausgebreiteten Armen in den Fluß springen. Sie lacht leise auf bei dieser Vorstellung.
Kurt beginnt neuen Mut zu fassen und findet sein gelangweiltes Lächeln wieder.
Sonderbare Frauen gibt es, denkt er. Man weiß nie, wie man mit ihnen dran ist.

Robert Fox
Eine Fabel

Der junge Mann war glatt rasiert und ordentlich gekleidet. Es war am frühen Montagmorgen, und er stieg in die U-Bahn. Es war der erste Tag seiner ersten Stellung, und er war ein bißchen nervös; er wußte nicht genau, wie seine Arbeit aussehen würde. Sonst ging es ihm gut. Er liebte alle, die er sah. Er liebte alle auf der Straße und alle, die in der U-Bahn verschwanden, und er liebte die Welt, weil es ein schöner, klarer Tag war und er seine erste Stellung antrat.
Ohne sich vordrängeln zu müssen, gelang es dem jungen Mann, im Zug nach Manhattan einen Sitzplatz zu finden. Der Wagen füllte sich schnell, und er sah zu den Leuten auf, die vor ihm standen und ihn um seinen Sitzplatz beneideten. Unter ihnen waren eine Mutter und ihre Tochter, die zum Einkaufen fuhren. Die Tochter war ein schönes Mädchen mit blonden Haaren und einer Haut, die weich aussah, und er fühlte sich sofort zu ihr hingezogen.
»Er starrt dich an«, flüsterte die Mutter der Tochter zu.

»Ja, Mutter, ich komme mir ganz komisch vor. Was soll ich nur *tun*?«
»Er ist in dich verliebt.«
»In mich verliebt? Woher weißt du das?«
»Weil ich deine Mutter bin.«
»Aber was soll ich bloß tun?«
»Nichts. Er wird versuchen, mit dir zu reden. Wenn er es tut, antworte ihm. Sei nett zu ihm. Er ist noch ein Junge.«
Der Zug erreichte das Geschäftsviertel, und viele Leute stiegen aus. Das Mädchen und seine Mutter fanden dem jungen Mann gegenüber einen Sitzplatz. Er sah das Mädchen, das gelegentlich zu ihm herübersah, um zu sehen, ob er es immer noch ansah, die ganze Zeit an.
Der junge Mann fand einen Vorwand aufzustehen, indem er einem älteren Mann seinen Platz anbot. Er stand vor dem Mädchen und seiner Mutter. Sie flüsterten miteinander und sahen zu ihm hoch. An einer anderen Haltestelle wurde der Platz neben dem Mädchen frei, und der junge Mann wurde rot, setzte sich aber schnell.
»Ich habe es gewußt«, sagte die Mutter durch die Zähne. »Ich habe es gewußt, ich habe es *gewußt*.«
Der junge Mann räusperte sich und tippte das Mädchen an. Es fuhr zusammen.

»Entschuldigung«, sagte er. »Du bist ein sehr hübsches Mädchen.«
»Danke«, sagte sie.
»Rede nicht mit ihm«, sagte die Mutter. »Antworte ihm nicht. Ich warne dich. Glaube mir.«
»Ich bin in dich verliebt«, sagte er zu dem Mädchen.
»Ich glaube dir nicht«, sagte das Mädchen.
»Antworte ihm nicht«, sagte die Mutter.
»Doch«, sagte er. »Um ehrlich zu sein, bin ich so in dich verliebt, daß ich dich heiraten will.«
»Hast du Arbeit?« fragte sie.
»Ja. Heute ist mein erster Tag. Ich fahre nach Manhattan, um meinen ersten Arbeitstag anzufangen.«
»Was für eine Art von Arbeit wirst du machen?« fragte sie.
»Ich weiß es nicht genau«, sagte er. »Ich habe ja noch nicht angefangen.«
»Klingt aufregend«, sagte sie.
»Es ist meine erste Stellung, aber ich werde einen eigenen Schreibtisch haben und eine Menge Papiere bearbeiten und sie in einer Aktentasche herumtragen, und ich werde gut bezahlt, und ich werde mich nach oben arbeiten.«
»Ich liebe dich«, sagte sie.
»Wirst du mich heiraten?«

»Ich weiß nicht. Du mußt meine Mutter fragen.« Der junge Mann stand von seinem Platz auf und stellte sich vor die Mutter des Mädchens. Er räusperte sich sehr sorgfältig und sehr lange. »Dürfte ich die Ehre haben, mit Ihrer Tochter den Bund der Ehe zu schließen?« sagte er, wurde jedoch vom Geräusch der U-Bahn übertönt.

Die Mutter sah zu ihm hoch und sagte: »Was?« Er konnte sie ebenfalls nicht hören, konnte aber an den Bewegungen ihrer Lippen und der Art, wie sie das Gesicht in Falten legte, erkennen, daß sie »Was?« sagte.

Der Zug hielt an.

»Dürfte ich die Ehre haben, mit Ihrer Tochter den Bund der Ehe zu schließen!« schrie er, ohne zu merken, daß es kein U-Bahn-Geräusch mehr gab. Alle im Zug sahen ihn an, lächelten, und dann applaudierten alle.

»Sind Sie verrückt?« fragte die Mutter.

Der Zug fuhr wieder an.

»Was?« sagte er.

»Wieso wollen Sie sie heiraten?« fragte sie.

»Nun ja, sie ist hübsch – ich meine, ich bin in sie verliebt.«

»Ist das alles?«

»Ich denke schon«, sagte er. »Oder sollte da mehr sein?«

»Nein. Normalerweise nicht«, sagte die Mutter.
»Arbeiten Sie?«
»Ja. Das ist der Grund, weshalb ich so früh nach Manhattan fahre. Heute ist der erste Tag meiner ersten Stellung.«
»Meinen Glückwunsch«, sagte die Mutter.
»Danke«, sagte er. »Kann ich Ihre Tochter heiraten?«
»Haben Sie ein Auto?« fragte sie.
»Noch nicht«, sagte er. »Aber eigentlich müßte ich mir ziemlich bald eins leisten können. Und ein Haus.«
»Ein Haus?«
»Mit vielen Zimmern.«
»Ich habe erwartet, daß Sie genau das sagen würden«, sagte sie. Sie drehte sich zu ihrer Tochter um. »Liebst du ihn?«
»Ja, Mutter, das tue ich.«
»Wieso?«
»Weil er gut ist und sanft und freundlich.«
»Bist du sicher?«
»Ja.«
»Dann liebst du ihn wirklich.«
»Ja.«
»Bist du sicher, daß es niemanden sonst gibt, den du lieben könntest und gerne heiraten würdest?«
»Nein, Mutter«, sagte das Mädchen.

»Also dann«, sagte die Mutter zu dem jungen Mann. »Sieht so aus, als könnte ich nichts dagegen unternehmen. Fragen Sie sie noch einmal.«
Der Zug hielt an.
»Meine Liebste«, sagte er, »willst du mich heiraten?«
»Ja«, sagte sie.
Alle im Wagen lächelten und applaudierten.
»Ist das Leben nicht wunderbar?« fragte der Junge die Mutter.
»Wunderschön«, sagte die Mutter.
Der Schaffner kletterte zwischen den Wagen herunter, als der Zug wieder anfuhr, rückte seine dunkle Krawatte zurecht und kam mit einem feierlich schwarzen Buch in der Hand auf sie zu.

Aus dem Amerikanischen von Brigitte Walitzek

Keto von Waberer
Spätvorstellung

Die Frau war schön und tränenüberströmt, sogar ihr leichtes Nachthemd schien durchtränkt von der Feuchtigkeit, die auf ihrem Gesicht wunderbar gleißend im Licht zitterte, wenn sie sich der Lampe zudrehte – und sie drehte sich unablässig hin und her in ihrem Bett. Eigentlich wälzt sie sich, dachte Irma. Bei unsereinem würde man das Wälzen nennen. Sie betupfte ihre Augen und ärgerte sich, wie bröckelig das Papiertaschentuch zwischen ihren Fingern klebte. Die Frau litt, sie litt unsäglich, wortlos und tonlos, aber ihr Gesicht sprach, ihr Körper. Jetzt lag sie still, die Kehle entblößt, das Haar auf den Kissen ausgebreitet.

Neben Irma holte jemand tief Luft. Ihr rascher Blick traf die glitzernden Augen eines verlegenen Mannes, der tief in seinen Sitz gerutscht neben ihr hockte. Sie schauten beide rasch wieder weg und schon ging's weiter… Der bärtige Mann, der jetzt das flimmernde Rechteck der Leinwand füllte – es war nicht groß, nicht größer als ein Fernsehbild –, der bleiche bärtige Mann also schritt in einem Zimmer auf und ab, hin und her vor dem großen, mit Pergamentrollen und Büchern übersäten Schreibtisch. Hinter dem Globus blieb er stehen und zog mit seinem Zeigefinger eine langsame träumerische Kurve über Meer und Land. Seine Augen, Augen, in denen deutlich das Licht erloschen war, blickten in den Zuschauerraum, auch er litt, litt, wie eben Männer leiden. Auf seiner Backe zuckte ein Muskel. Irma ertappte sich bei der Frage, wie er das wohl zuwege brachte. Immer wieder kam sie aus dem Tritt. Sie konnte sich nicht so richtig einlassen auf die Qualen, die man ihr vorführte, obwohl sie sich das so sehnlich wünschte, wie jemand, der darauf wartet, daß die Betäubungsspritze endlich wirkt. Sie aß ein Gummibärchen.

Zuhause stand ein Topf Gulasch und ein Topf Eiernudeln. Er hatte angerufen und gesagt, er käme nicht, er käme nie mehr... Irmas Augen wollten sich mit Tränen füllen, aber gottlob riß die anschwellende und unheilschwangere Musik sie aus den von Gulaschduft geschwängerten Gefilden ihrer abendlichen Küche, in der sie sich gerade nach dem großen Fleischmesser greifen sah. Da saß sie, saß im Kino und die Musik schwemmte sie erneut an das Bett der Frau, die soeben mit versteinertem Gesicht perlgraue

Tabletten aus einem Fläschchen zählte und sie zu einer kleinen Reihe auf dem Laken ordnete. Auch sie wurde dabei von Erinnerungen überflutet, und Irma sah sie durch den Park laufen, barfuß und im Unterkleid, sah den blassen Mann, der mittlerweile vom Globus losgekommen war und hoch zu Roß zwischen den blühenden Apfelbäumen auftauchte, sah, wie er die Frau zu sich aufs Pferd hob, mit einem Arm und so geschickt, als täte er das nicht zum ersten Mal. Nun groß und bildfüllend übermächtig die beiden Gesichter, die sich zögernd ineinander paßten, Millimeter für Millimeter und die doch genügend Abstand hielten, um Irma eine genaue Beobachtung des Lippenspiels zu ermöglichen.

Jemand stöhnte neben Irma. Der Mann an ihrer Seite schneuzte sich in sein Taschentuch. Er suchte Irmas Blick, aber sie senkte den Kopf und ließ ihren Tränen freien Lauf. So war das. Auch das Unheil der Liebenden nahm seinen Lauf.

Der Mann, der neben ihr gestöhnt hatte, wirkte in der trüben Beleuchtung der Eingangshalle ohne Farbe, als sei er ein soeben der Leinwand entsprungener Kleindarsteller, einer von denen, die auf dem Hügel gestanden hatten, neben den Bauern und zugesehen hatte, wie der blasse

Mann die tote Frau langsam über die Wiese trug. Ihr Haar eine flüssige Fahne, in der der Wind spielte.
Er gab Irma Feuer, als sie mit den anderen betäubt auf die Straße traten. Es hatte zu regnen begonnen, und die Leute liefen so eilig auseinander, als wollten sie Irma und den Mann nicht stören bei der Szene, die nun kommen und die alles fortsetzen sollte.
Irma besah ihr Gesicht im Taschenspiegel und zwinkerte ungeduldig mit den Augen. Er knöpfte an seinem Mantel herum. Wassertropfen hingen an seiner Brille. Das Vordach hielt den Regen nur wenig ab. Irma wartete nervös, und der Mann, als habe er ihre Gedanken gelesen, räusperte sich und sagte: »Zu mir?«
Er hatte viele graue Locken, obwohl sein Gesicht jung aussah in seiner Verlegenheit. »Machen Sie das immer so?« fragte Irma, und er faßte sie leicht am Ellbogen und nickte. »Nach so einem Film wird man tollkühn«, sagte er. Das gefiel Irma gut, und nach Hause wollte sie unter keinen Umständen.
In seiner Wohnung roch es nach Farbe, Plastikplanen hingen überall, und das Licht ging nicht an. Sie stolperten über Holzstapel und wateten durch raschelnde Sägespanhaufen. »Das Schlaf-

zimmer ist o. k.«, sagte er im Dunkeln dicht neben ihr, »und das ist Artus.«
Artus streckte sich im Lichtviereck des Fensters auf dem Lager. Ein großer Schatten, den Irma beim Näherkommen als Schäferhund erkannte und der nur ungern Platz machte, als sie sich auf den Rand der Matratze setzte.
Die Laken waren warm von seiner Hundewärme, schon ging das Licht an – ein Punktstrahler, der die Wand beleuchtete, an der Tapetenfetzen hingen, schon hielt Irma ein schweres Glas mit Wodka in der Hand, schon saß der Mann neben ihr und seufzte, wie vorher im Kino.
»Musik?« fragte Irma zaghaft, aber er schüttelte den Kopf und wies auf einen mit Folie zugedeckten Stapel in der Mitte des Zimmers.
Irma fühlte sich starr werden. Sie schluckte den warmen Schnaps hastig. Nur jetzt keine Tränen, sagte sie sich. Du ziehst das jetzt durch. Vielleicht rief er ja nochmal an, später, und wollte zu ihr ins Bett kriechen, reumütig und nach Gasthausluft riechend, wie so oft. Seine unsicheren Schritte im Gang…
Hände arbeiteten an ihr herum. Anstellig, agil, aber noch keineswegs versiert. Irma nahm noch ein Glas. Es gefiel ihr, wie er ihr ohne sie loszulassen nachgoß, wie er unter dem Kissen ein

Päckchen Kondome hervorfingerte und es vor sie aufs Parkett legte, wie er sich nun ihrem Ohr widmete; seine Zunge heiß, sein Atem beredt. Ihr Körper begann zu reagieren, überbrachte, träge erst, dann dringlicher Botschaften aus den verschiedenen Provinzen, ließ wissen, dort bestehe Bereitschaft zu Verhandlungen, Güteraustausch sei erwünscht. Einigung könne erzielt werden.
Artus gähnte und sah gelangweilt zu, wie die fallenden Kleider um ihn herum niedergingen und zu liegen kamen. Er kauerte neben der Matratze auf einer Decke, in die rosa Hasen und Kleeblätter gewebt waren. Er leckte sich den Bauch, als Irma jeden Widerstand aufgab und Platz machte für den erwarteten Zugriff auf ihr Territorium. Da lag sie wie ein großer rosiger Seestern im kalten Schlamm der Laken und konnte sich nicht bewegen, die Augen nicht öffnen.
Was nun kam, kam unerwartet und war überaus kräftezehrend und aufwendig: ihr Bettgenosse schien es nur kurze Zeit geduldig in einer Lage aushalten zu können. Er war wie jemand, der sich gerade zurechtgelegt hat und dem plötzlich einfällt, daß er noch anderswo dringend etwas erledigen muß. Immer dann wenn Irma glaubte, endlich gnädig die Besinnung zu verlieren,

spannte er die Muskeln, sortierte Beine und Arme, machte alles rückgängig, die Choreographie, die Himmelsrichtung, die Zusammensetzung. Er tat es geschickt und lässig wie ein Orthopäde, der am passiven hingestreckten Patienten die Beweglichkeit erkrankter Gliedmaßen prüft, um herauszufinden, wo sich die mögliche Blockade befindet. Irma verlor bald die Übersicht, hatte sich eben noch ihr Knie an ihre Wangen gedrückt und ihr Arm sich in die Luft erhoben, lag sie nun mit dem Gesicht auf dem Parkett und ihre Wirbelsäule knackte, als werde sie zum Rad gebogen, das sogleich vom Bett herunter und über den Boden rollen würde. Sie spürte an sich zitternde Flechsen und Sehnen, von deren Vorhandensein sie nichts geahnt hatte, ihre Glieder schnellten, einmal freigekommen, aus den aufgezwungenen Verrenkungen zurück und klatschten gegen Fleisch, polterten gegen die Wand, fegten Kissen vom Bett. Sie hatte aufgegeben, kontinuierlich zu atmen und kämpfte nur noch darum, ab und zu Luft zu holen. So beschäftigt verlor sie jedes Zeit- und Ortsgefühl, und es dauerte fort und fort. Um sie war ein schneller Wechsel von Hell und Dunkel, Keuchen und Ächzen und die kreatürlichen Geräusche von schwitzenden Körpern, die aufeinanderprallen oder sich schmatzend voneinander lösen. Es war ihr unmöglich, die knappen Befehle zu verstehen und zu befolgen, die ihr von unerwarteten Stellen des Kampflagers erteilt wurden. Einmal glaubte sie, der Hund hielte sie am Nacken gefaßt, einmal meinte sie, nasses Fell zu riechen, aber Artus mischte sich nicht ins Getümmel.

In der plötzlichen Stille, die eintrat und sich über die verschränkten Körper senkte, mit fernem Autogehupe und dem Ticken einer Uhr neben ihrem Kopf, verlangte Irma nach Wasser und prüfte behutsam die Beweglichkeit ihrer Gelenke. Sie trank schnaubend, in unbequemer Lage und ließ sich dann erschöpft von dem offenbar zufriedenen und nun ganz anschmiegsamen Turnmeister zurechtlegen. Sie hatte überlebt, wenn auch angeschlagen. An seinem vor Stolz geröteten Gesicht las sie ab, daß er sein Repertoire erschöpfend und erfolgreich auf sie losgelassen haben mußte.

Irma wollte weg, aber etwas in ihr sträubte sich gegen den Gedanken, so gänzlich unerlöst aus diesen Anstrengungen hervorzugehen. Sie beruhigte sich und beschloß nach einer kleinen Rast kundzutun, daß und wie kommende Verstrickungen unter ihrer Regie zu gestalten wären.

Ihr Bettkumpan umfaßte sie inniger, und sie ließ es geschehen. Er küßte Nacken und Schultern und murmelte, den Mund an ihrer Haut, Liebkosungen, die Irma begehrlich aufsog. Ich bleibe die Nacht über bei ihm, dachte sie und streckte sich. Diesem Dreckskerl zu Hause wollte sie es zeigen. Sie war sich nun ganz sicher, daß er vor ihrem leeren Bett kniete und nach ihr wimmerte. Als das Telefon läutete, glaubte sie eine Sekunde lang, er wäre es, der anriefe.
Es war eine Frau. Die Frau weinte. Irma versuchte, sich großzügig und weltgewandt wegzudrehen und hoffte auf den kurzen Prozeß, den ein Mann in den Armen einer Frau mit einer anderen macht, die ihn dabei stört. Aber nichts dergleichen geschah.
Irma rauchte und lauschte nur widerwillig, aber sie mußte die Stimme der Frau immer deutlicher hören. Die Frau schrie, die Frau schluchzte, die Frau wollte nicht mehr leben, die Frau ertrug es nicht mehr, wie man mit ihr umging. Die Frau liebte, liebte, liebte, war am Ende, konnte nicht mehr, drohte, bettelte. Sie war zu allem fähig, jetzt, jetzt gleich. Irma wollte aus dem Bett. Sie versuchte mit der Hand ihre Kleider zu erreichen, aber Artus richtete sich auf und knurrte. Als sie ein nacktes Bein ausstreckte, um

nach ihrem BH zu angeln, hob er stumm seine Lefzen von den Zähnen, und als Irma sich aufsetzte, duckte er sich zum Sprung.
Das laute Weinen hatte nun aufgehört, und die Männerstimme dicht neben Irma weich und tief versicherte der Frau, von leisem Wimmern unterbrochen, daß alles, alles gut werden würde, daß sie ihm endlich vertrauen müsse, daß er nur an sie denke, bei ihr sei jetzt und immer und immer.
Artus legte sich seufzend auf seiner Decke zurecht. Der Mann flüsterte Zärtlichkeiten, die Frau weinte und stammelte, Irma konnte sie nicht mehr verstehen.

Einmal noch versuchte Irma verstohlen unter dem Laken zum Rand der Matratze zu rutschen, aber Artus zeigte ihr die Zähne.

Elisabeth Plessen

Köpfe in den Betten

Es ist ein merkwürdiges Haus. In einem Bett, dem ersten, schlafen zwei Männer, in einem anderen Bett ein Mann und eine Frau, in einem dritten Bett schlafen zwei Kinder, in einem vierten Bett schläft ein junges Mädchen mit einer Katze, in einem fünften Bett schläft eine Frau von dreißig Jahren mit einem Hund, in einem sechsten Bett schläft eine alte Frau mit einer Katze, in einem siebten Bett schlafen zwei junge Frauen, in einem achten Bett schläft ein Mann mit einem Tiger, in einem neunten Bett eine Frau mit einem Löwen, in einem zehnten Bett ein Junge mit einem Fisch, in einem elften Bett schlafen zwei Fische, in einem zwölften Bett schläft ein alter Mann mit einer jungen Frau, in einem dreizehnten Bett schlafen zwei Schnekken mit zwei Zöpfen, in einem vierzehnten Bett zwei Pferdeschwänze mit zwei Zöpfen, in einem fünfzehnten Bett schläft eine alte Frau mit einem jungen Mann und ein junger Mann allein, in einem sechzehnten Bett schläft eine alte Frau mit einem Telefon, in einem siebzehnten Bett schläft eine alte Frau mit einem Buch, in einem achtzehnten Bett schläft ein Buch mit einem jungen Mann, in einem neunzehnten Bett eine Mutter mit einem Kind, in einem zwanzigsten Bett schlafen zwei Mütter mit einem Kind, in einem einundzwanzigsten Bett schläft ein Paar mit einem Hamster, in einem zweiundzwanzigsten Bett schläft der Besitzer des Hauses mit einem Kellner, in einem dreiundzwanzigsten Bett schläft die Moabiterin Ruth, und der alte Mann schlüpft zu, in einem vierundzwanzigsten Bett schlafen zwei Punks und zehn Teddy bears, in einem fünfundzwanzigsten Bett schlafe ich mit meinem Freund, in einem sechsundzwanzigsten Bett schlafe ich mit meinem Bruder, in einem siebenundzwanzigsten Bett schlafe ich mit meinem polnischen Vater, in einem achtundzwanzigsten Bett schlafe ich mit meiner dritten Schwester, in einem neunundzwanzigsten Bett schlafe ich mit meiner mongolischen Mutter, in einem dreißigsten Bett schlafe ich mit dem Pastor, der mich eingesegnet hat, in einem zweiunddreißigsten Bett schläft ein Stiefel mit einer Kuh, in einem dreiunddreißigsten Bett schläft Hockney mit seinem Freund Peter, in einem vierunddreißigsten Bett schläft eine Rose mit einem Dorn, in einem fünfunddreißigsten Bett schlafen drei Männer, in einem sechsunddreißigsten Bett schlafen ein Mann und eine Frau, in einem siebenunddreißigsten Bett ein Mann und eine Frau, in einem achtunddreißigsten Bett zwei Frauen drei Frauen vier Frauen acht neun und zehn, in einem neununddreißigsten Bett schlafen Bruno Fabri und Andrij Singer, dieses Bett ist das schmalste Bett und das breiteste Bett, zu diesem Bett führt eine Leiter hinauf, dieses Bett, das neununddreißigste, ist eine Wiese.

Franz Huber
hitze frei

möcht dösen nur
dösen dösen dösen
möcht nicht nur dösen
möcht auch möwen möwen
möwen & ein meer

ein meer & eine brünstige brise
eine brise salz & pfeffer
einen läufigen eierstich

komm meine melonenschnitte
komm meine verschwitzte

Ludwig Fels
Geschick

Im Briefkasten fand sie den Prospekt einer Firma, in dem ihr ein Vertreterbesuch angekündigt wurde. Sie wartete, bis es schellte; es war nicht ihr Mann. Der Vertreter war höflich, freundlich, zuvorkommend, ein, wie sie auf den ersten Blick klar erkannte, wahrhaft angenehmer Gesellschafter; sie bat ihn sogleich ins Wohnzimmer; dort ließ er sich sogar eine Tasse Kaffee, frisch aufgebrüht und magenschonend, wie sie beteuerte, anbieten. Sie weinte fast vor Glück und wußte sich nicht zu helfen. Der Vertreter, trotz seiner Jugend Geschäftsmann, wollte nichts unversucht lassen, ihr und ihrem Herrn Gemahl eine Busreise zum Sonderangebotspreis nach Paris zu verkaufen, und er überreichte ihr vollkommen unaufdringlich ein Farbphoto, das sie gerührt entgegennahm und eingehend betrachtete. Sie sah viele Türme und Dächer und einen Fluß mit Brücken, und im Vordergrund zeigte ein bärtiger Mann Bilder von nackten Köchen her. Mein Gatte hat wenig Kultur, sagte sie dann, aber mit Ihnen wäre es bestimmt eine schöne Stadt. Da sprang er eilig auf, als wollte er sie küssen, und schritt zur Tür.

Gianni Celati
Geschichte einer Rennfahrerin und ihres Verehrers

Im Jahr 1924 wurden die Teilnehmer des Giro d'Italia, des großen italienischen Radrennens, von der mörderischen Strecke beinahe aufgerieben, nur dreißig von neunzig gestarteten Rennfahrern schafften es, das Rennen bis zum Schluß durchzuhalten, nachdem sie sich über dreitausendfünfhundert Kilometer auf staubigen Straßen abgestrampelt hatten. Am Ziel wurde der Sieger vom Beifall der Menge empfangen, aber einen noch herzlicheren Beifall bekam der Verlierer, der letzte Rennfahrer, der in Mailand eintraf, obwohl er mehrere gefährliche Stürze hinter sich hatte, obwohl er in einer Etappe im Gebirge aus dem Rennen ausgeschieden war, weil er die vorgesehene Zeit überschritten hatte, obwohl ihm keine andere Fürsorge zuteil geworden war als die zwei Mahlzeiten pro Tag, welche ihm die Reifenfirma stiftete, deren Name auf seinem Trikot stand, und schließlich, obwohl dieser Rennfahrer eine Frau war.
Die Zeitungen nannten sie »die Rennfahrerin«; sie war ein kleines, kräftiges Mädchen, das aus

einer Bauernfamilie stammte und als einzige Frau in der Geschichte des Radsports bei den offiziellen Rennen mit den sogenannten Meistern der Pedale, normalerweise Männer, konkurrieren konnte.

Ein Photo aus der damaligen Zeit zeigt sie in einer riesigen, bis zum Knie reichenden Turnhose, wie sie über die Lenkstange eines Rennrades gebeugt einen Feldweg entlangfährt, wo ihr eine Schar barfüßiger Fans zujubelt. Sie hat ein rundes Gesicht mit stark ausgeprägtem Hinterkopf, kleinen Augen und einer sehr breiten Stirn, kurz geschnittenes, zurückgekämmtes Haar; dicke Waden, kräftige Arme und breite Schultern; ihr Lächeln ist wie ein Halbmond, der an beiden Enden unter den hervorstehenden Wangen verschwindet.

Dieses Photo hängt in der Werkstatt eines Flickschusters von Ariano Polesine, der jahrelang Höllenqualen litt, weil er in wahnsinniger Liebe zu der Rennfahrerin entbrannt war.

Im Alter von zwölf Jahren war er mit seinem Vater nach Mailand gezogen; dort hatte er Abendkurse für das Zuschneiden von Schuhen besucht und bei einem nationalen Wettbewerb für kreative Modelle von Damenschuhen den ersten Preis gewonnen. Er interessierte sich zwar nicht

besonders für Sport, aber je mehr er in den Zeitungen über die Rennfahrerin las, desto mehr erwärmte er sich für ihre Unternehmungen; und als jener mörderische Giro d'Italia zu Ende war, glückte es ihm, sich zu einem Festessen, das zu Ehren der Rennfahrerin veranstaltet wurde, einladen zu lassen und sie endlich kennenzulernen.
Die Rennfahrerin war mit einem Ziselierer verheiratet, der sie, als sie fünfzehn war, aus ihrer Familie herausgeholt hatte, wo man nie zugelassen hätte, daß eine Frau einen so männlichen Sport trieb; er hatte ihr die Freiheit gegeben, die sie für die Laufbahn einer Rennfahrerin brauchte.
Nachdem der Modellschuster sie bei dem Festessen eine Stunde lang angeschaut hatte, verliebte er sich in sie und erklärte sich ihr sofort.
Die Rennfahrerin konnte diese Erklärung nicht annehmen, denn sie war mit dem Ziselierer glücklich verheiratet und wies daher den Schuster auf grobe Weise ab.
Am nächsten Tag ließ ihr dieser ein von ihm kreiertes und eigenhändig zugeschnittenes Paar Damenschuhe bringen, aber sie schickte es ihm mit folgender Botschaft zurück: »Mich interessieren nur Fahrräder.«
Weil die Rennfahrerin durch den mörderischen

Giro d'Italia internationalen Ruhm erworben hatte, rief man sie nach Paris. Hier war sie eine Zeitlang, stets im Wettstreit mit den männlichen Kollegen, auf den Radrennbahnen zu sehen, und hierher kehrte sie auch zurück, als ihr Ehemann gestorben war.

Der Modellschuster, der zur selben Zeit bei einer internationalen Ausstellung von Damenschuhen in Paris eine Auszeichnung bekommen hatte, begab sich eilends in die französische Hauptstadt, um der Rennfahrerin einen Heiratsantrag zu machen.

Nach vielen vergeblichen Versuchen, mit ihr in Verbindung zu treten, schrieb er ihr einen Brief und schickte ihr als Geschenk die von ihm kreierten Stiefelchen, für die er die begehrte Auszeichnung bei der Pariser Ausstellung bekommen hatte.

Am Abend schloß er sich in sein Hotelzimmer ein und wartete auf Antwort. Die Antwort kam sofort in Gestalt des einen Stiefelchens, das man ihm zurückerstattete (wo das andere verblieben ist, weiß man nicht), und mit der gewohnten Botschaft: »Mich interessieren nur Fahrräder.«

An jenem Abend packte den Modellschuster, als er allein in seinem Hotelzimmer saß, die Verzweiflung; da kochte er das Lackstiefelchen, das

man ihm zurückerstattet hatte, und verzehrte es Stück für Stück.
Die Rennfahrerin heiratete bald darauf wieder, diesmal einen Rennfahrer, einen Weltmeister im 500-m-Fliegerrennen, und mit ihm zusammen trat sie noch eine Zeitlang auf den französischen Rennbahnen auf. Dann kehrte sie nach Italien zurück und machte mit ihrem Ehemann in Mailand eine Reifenwerkstatt auf.
Als auch ihr zweiter Mann starb, führte sie das Geschäft allein weiter; um mit der Welt des Radsports in Verbindung zu bleiben, reparierte sie Reifen und verfolgte die Rennen ihrer Schützlinge.
Eines Tages tauchte der Modellschuster wieder bei ihr auf, er war jetzt kein Modellschuster mehr, denn er hatte diesen Beruf inzwischen an den Nagel gehängt und war zu Fuß durch ganz Europa gewandert, bis hinauf nach Belgien und Holland, unterwegs hatte er auf dem Land Schuhe repariert und war schließlich wegen Landstreicherei verhaftet worden.
Noch einmal machte der ehemalige Modellschuster, jetzt gewöhnlicher Flickschuster, der ehemaligen Rennfahrerin einen Heiratsantrag. Und auch diesmal wies sie ihn ab und behandelte ihn sehr grob, weil ihn Schuhe mehr interessierten

als Fahrräder; einen solchen Mann konnte sie nicht zum Gatten nehmen.

Wenn sich die ehemalige Rennfahrerin nun auch schon seit Jahren von den Rennen zurückgezogen hatte, genoß sie doch immer noch eine gewisse Popularität in den Kreisen des Radsports, von dem sie sich bis zum Tage ihres Todes nicht zu trennen beabsichtigte. Auf einem schweren Motorrad folgte sie jedem Rennen, an dem ihre Schützlinge teilnahmen; so hielt sie es, solange sie lebte, und fuhr mit dem schweren Motorrad bis zum Tage ihres Todes im Alter von 68 Jahren.

Der ehemalige Modellschuster, nun Flickschuster in einer Kleinstadt im Po-Delta, ging zu ihrer Beerdigung.

Aus dem Italienischen von Marianne Schneider

Jürg Federspiel
Ein Umweg nach Bologna

Robert Kramer, Steuerbeamter in einer mittelgroßen Stadt, ließ sich im Alter von achtundfünfzig Jahren pensionieren, weil er die vergangenen zwei Jahrzehnte seines Lebens mit chronischen Kopfschmerzen und Depressionen durchlitten hatte. Vielleicht deprimierten ihn die Gelder anderer, die er zu kontrollieren hatte, auch wenn er selber ein hübsches Bankkonto besaß und jeden Monat eine Kleinigkeit auf die hohe Kante legen konnte. Glücklicherweise hatte er eine liebe Frau – so behaupteten die Nachbarn –, und sie hatte ihn in seiner Pensionierungsentscheidung mit marienhafter Ergebenheit gestärkt. Sie kochte jeden Tag etwas anderes – montags Linsen mit Würstchen, dienstags Sauerkraut mit Rippchen und so fort, bis es am nächsten Montag wieder Linsen mit Würstchen gab, am Dienstag – richtig. Kinder hatten sie keine, und Italiener konnte er nicht ausstehen.

Die Pensionierung bekam Robert Kramer in keiner Weise. Zwar lastete der Druck seiner Vorgesetzten nicht mehr auf ihm, doch er wurde nicht froh. Im Gegenteil. Er ließ seinen Morgenkaffee kalt werden, versteckte sich hinter der Zeitung, ohne eine Zeile zu lesen, stocherte appetitlos im Sauerkraut herum oder versuchte, die Linsen mit den Gabelspitzen aufzuspießen. Am Abend glotzte er auf den Fernsehschirm und zeigte sich nur interessiert, wenn für etwas Reklame gemacht wurde, zum Beispiel für Rasenmäher, obschon er selber keinen Rasen besaß. Die Kramers wohnten im dritten Stock.

Mein Mann interessiert sich nur noch für Rasenmäher zum Beispiel, erklärte seine Frau den verwunderten Nachbarn.

Gegen neun Uhr morgens spazierte er in Richtung seines früheren Arbeitsplatzes, überquerte zwei Brücken und starrte ins Wasser hinab. Da und dort genehmigte er sich ein Bier, ließ es lauwarm werden, zahlte und ging. Seinen früheren Stammtisch mied er. Allmählich begann er mit sich selber zu reden. Am Nachmittag schlief er, und nach dem Abendessen machte er seinen gewohnten Rundgang ums Quartier, blieb vor allem bei Baustellen stehen und glotzte in die Tiefe des Bohrlochs.

Dann geschah folgendes: An einem warmen Juniabend, es war gegen neun Uhr und noch ziemlich hell, hieb ihm jemand mit einem eisernen

Gegenstand von hinten eins übern Schädel. Kramer schrie auf, fiel zu Boden, der Räuber schlug noch einmal zu, traf ihn diesmal am rechten Oberschenkel und rannte davon. Kramer erhob sich blutend, sein Schädel schmerzte, wenn auch anders als sonst. Dennoch schleppte er sich zum nächsten Polizeiposten. Kramer kannte alle Polizeiposten. Man hielt ihn zunächst für betrunken. Warum er nicht geradewegs ins Spital gegangen sei, fragten die Polizisten mißtrauisch. Kramer antwortete, die Verletzung sei nicht so erheblich, und er wollte Klage gegen Unbekannt erheben. Der diensttuende Polizist gab schließlich nach, holte zwei Handtücher, mit denen sie das Blut aufsaugten, spannte ein Blatt in die Schreibmaschine und nahm das Protokoll auf, das im wesentlichen besagte: Es war ein Italiener, ein Gastarbeiter. Er rief *Porca Madonna*, als er wegrannte, berichtete Kramer. Inzwischen hatte die Polizei seine Frau angerufen und fuhr ihn mit einem Taxi zur Notfallstation, wo man die Platzwunde nähte und verband.
Es war ein Italiener, sagte Kramer, als er wieder zu Hause war. Woher er das so genau wisse, erkundigte sich seine Frau. Komm ins Bett, antwortete Kramer, und ich werde dir alles beweisen. Sie gingen ins Bett, und Kramers Frau

glaubte, sie erlebe ihre Hochzeitsnacht zum zweiten Mal, so heftig wurde das Sakrament der Ehe vollzogen. Nun, fragte sie nach einer Verschnaufpause. Nun was? fragte er zurück. Woher weißt du, daß es ein Italiener war? Ich werd's beweisen, sagte er, und nun möchte ich schlafen. Kramer erhob sich am nächsten Morgen um sechs Uhr, ließ sich Kaffee, ein Ei, Brot, Butter und Marmelade servieren. Den Kaffee wies er erbost zurück, zu schwach, sagte er, zeigte sich sonst aber bester Laune, überflog die Zeitung, lachte über die alltäglichen Ungeheuerlichkeiten und zog eine Viertelstunde später seinen besten Anzug an.

Die Kopfschmerzen waren verflogen. Er fühlte sich wunderbar. Wohin er denn gehe, fragte seine Frau verwundert. Den Italiener suchen, antwortete er und gab Anweisungen, was er zu Mittag essen möchte. Sauerkraut mit – er unterbrach sie, sagte: Es ist zwar Dienstag, doch ich möchte Hackbraten und Bratkartoffeln mit Kümmel. Punkt zwölf Uhr kam er zurück, genoß den Hackbraten, lobte ihn sogar, wischte sich den Mund mit einer Leinenserviette ab (er verbitte sich in Zukunft papierene). Nein, keinen Kaffee, sagte er. Ich habe zu tun. Es war ein Italiener, und ich werde ihn finden.

So ging das Tag für Tag. Zu Hause sagte er seiner Frau mindestens dreimal pro Tag, wo Gott hockt, sonst war er liebenswürdig und machte sich in der Nachbarschaft beliebt und wusch jeweils montags die Autos seiner drei oder vier nächsten Nachbarn, die ihn bald für einen Heiligen hielten. Denn wer das Auto seines Nachbarn liebt, muß auch dem Herrgott wohlgesonnen sein. Er suchte vor allem Baustellen auf, sprach mit den Vorarbeitern, genoß ein kühles Bier mit ihnen und ließ keinen Tip, was den möglichen Täter betraf, unbeachtet; mit der Straßenbahn fuhr er bis zu entfernten Dörfern. Der Mann *mußte* gefunden werden. Da er sich mit den italienischen Polieren zuweilen nur schwer verständigen konnte, nahm er einen Intensivkurs in Italienisch, las nach ein paar Wochen italienische Zeitungen und schließlich auch Romane und erzählte seiner Frau davon. Sie wagte nicht, den Kopf zu schütteln.

So verging ein Jahr. Wie vergeht ein Jahr? Dauert es Tausende von Stunden? Wie lange dauert ein Jahr, wenn man tagtäglich gefoltert wird? Und wie lange dauert eine halbe Stunde mit einem langweiligen Menschen? Ein Jahr also war vergangen.

Eines Tages packte Robert Kramer zwei große

Koffer. Wo gehst du hin, fragte seine Frau entsetzt. Nach Italien, antwortete er, ich wüßte nicht, wo ich den Täter sonst finden könnte.
Du bist verrückt, sagte seine Frau, du gehörst ins Irrenhaus. Ich gehe lieber nach Italien, sagte der Mann.
Robert Kramer ging zur Bank, ließ sein ganzes Geld nach Rom transferieren und setzte seiner Frau eine Rente aus. Dann ging er in ein Reisebüro und kaufte sich eine Fahrkarte nach Bologna.
Er fuhr nachts. Als er am Morgen ankam, erwartete ihn am Bahnhof von Bologna eine nicht mehr junge, aber schöne Frau. Sie hieß Gina. Robert Kramer hatte sie vor einem halben Jahr kennengelernt, in einer Vorstadtkneipe, in der vor allem Italiener verkehrten; dort hatte sie als Serviererin gearbeitet. Sie hatten sich sofort verliebt.
Robert und Gina wurden sehr alt und lebten glücklich. Als sie nach vielen Jahren gestorben waren, beide am selben Tag (man erfuhr nie, wer über den Tod des andern zu Tode erschrocken war), stand auf dem Grabstein – so hatten sie beide bestimmt – bloß:

Gina und Roberto

Die Nationalität des Schlägers spielt keine Rolle. Es kommt auf die Folgen an.

Carson McCullers
Ein Baum, ein Felsen, eine Wolke

Es regnete an jenem Morgen, und es war noch sehr dunkel. Als der Junge beim Tram-Café ankam, hatte er seine Tour fast beendet, und er ging hinein, um eine Tasse Kaffee zu trinken. Es war ein die ganze Nacht hindurch geöffnetes Café, das einem verbitterten und geizigen alten Mann namens Leo gehörte. Nach der naßkalten, leeren Straße erschien das Café freundlich und hell. An der Bar waren einige Soldaten und drei Arbeiter von der Baumwollspinnerei, und an der Ecke saß vornübergebeugt ein Mann und ließ die Nase und das halbe Gesicht in sein Bierseidel hängen. Der Junge trug einen Sturzhelm, wie ihn Flugpiloten tragen. Als er das Café betrat, schnallte er den Kinnriemen ab und schlug die rechte Klappe über seinem kleinen rosa Ohr in die Höhe. Meistens, wenn er hier seinen Kaffee trank, redete der eine oder andere nett mit ihm. Aber heute früh blickte ihn Leo nicht an, und von den Männern sprach keiner. Er zahlte und wollte schon das Café verlassen, als ihm eine Stimme nachrief: »Son! Heda, Son!«

Er wandte sich um, und der Mann an der Ecke hatte den Zeigefinger gekrümmt und nickte ihm zu. Er hatte das Gesicht aus dem Bierseidel gehoben und sah plötzlich sehr glücklich aus. Der Mann war groß und bleich und hatte eine lange Nase und ausgeblichenes apfelsinenfarbenes Haar.

»Heda, Son!«

Der Junge ging zu ihm. Er war etwa zwölf Jahre alt, aber im Wachstum zurückgeblieben, und wegen der Last seiner Zeitungstasche war die eine Schulter hinaufgezogen. Sein Gesicht war platt und von Sommersprossen übersät; seine Augen waren runde Kinderaugen.

»Ja, Mister?«

Der Mann legte die eine Hand auf die Schulter des Zeitungsjungen, faßte ihm dann unters Kinn und drehte sein Gesicht langsam von einer Seite auf die andre. Der Junge zuckte verlegen zurück: »Heh! Was woll'n Sie denn von mir?«

Die Stimme des Jungen war schrill; es wurde auf einmal ganz still im Café.

Der Mann sagte langsam: »Ich liebe dich!«

Alle Männer an der Bar lachten los. Der Junge, der ihm mit finsterem Gesicht ausgewichen war, wußte nicht, was er tun sollte. Er blickte über die Bartheke hinweg zu Leo, und Leo beobachtete

ihn mit einem verdrossenen, brüchigen Grinsen. Der Junge versuchte, auch zu lachen. Aber der Mann sah ernst und traurig aus.
»Ich wollte dich nicht foppen, Son«, sagte er. »Setz dich und trink ein Bier mit mir. Ich muß dir was erklären!«
Vorsichtig und mit einem Seitenblick versuchte der Junge, die Männer an der Bar zu mustern, um herauszufinden, was er tun solle. Aber sie hatten sich wieder ihrem Bier oder ihrem Frühstück zugewandt und kümmerten sich nicht um ihn. Leo stellte eine Tasse Kaffee und ein Kännchen Sahne auf die Bartheke.
»Er ist minderjährig«, sagte er.
Der Zeitungsjunge zog sich auf den Barschemel. Sein Ohr unter der hochgestellten Ohrenklappe war sehr klein und rot. Der Mann nickte ihm ernst zu. »Es ist etwas Wichtiges«, sagte er. Dann faßte er in die hintere Hosentasche und zog etwas heraus; er hielt es dem Jungen zum Betrachten hin.
»Schau es dir genau an!« sagte er.
Der Junge blickte hin, konnte aber nichts entdecken, was man genau anschauen müßte. Der Mann hielt eine Fotografie in seiner großen, schmuddligen Handfläche. Es war das Gesicht einer Frau, aber verschwommen, so daß nur ihr

Hut und das Kleid, das sie trug, scharf hervortraten.

»Siehst du's?« fragte der Mann.

Der Junge nickte, und der Mann steckte sich eine andere Fotografie in die Handfläche. Hier stand die Frau in einem Badeanzug am Strand. Durch den Badeanzug zeichnete sich der Bauch sehr ab, und das war das einzige, was einem auffiel.

»Hast du's genau angeschaut?«

Er beugte sich vor und fragte schließlich: »Hast du sie schon mal gesehen?«

Der Junge saß still und rührte sich nicht, sondern blickte nur schräg aus den Augenwinkeln auf den Mann: »Ich glaube nicht.«

»Aha!« Der Mann blies auf die Fotos und steckte sie wieder in die Tasche. »Das war meine Frau.«

»Ist sie tot?« fragte der Junge.

Der Mann schüttelte langsam den Kopf. Er spitzte den Mund, als ob er pfeifen wollte, und antwortete mit einem langgedehnten: »Naaaain! Ich werd's dir erklären.«

Das Bier in dem großen braunen Seidel stand vor dem Mann auf der Bartheke. Er hob es nicht auf, als er trinken wollte. Statt dessen beugte er sich herunter, legte das Gesicht auf den Rand und ließ es dort, wie um auszuruhen. Dann kipp-

te er das Seidel mit beiden Händen ein wenig vor und schlürfte.
»Eines schönen Abends wirst du mit deiner großen Nase im Seidel einschlafen und versaufen«, sagte Leo. »Berühmter Durchreisender ertrinkt im Bier. Das wäre ein flotter Tod!«
Der Zeitungsjunge versuchte, Leo ein Zeichen zu machen. Während der Mann nicht hinsah, verzog er das Gesicht, bewegte stumm die Lippen und fragte: »Besoffen?« Aber Leo zog nur die Augenbrauen in die Höhe, drehte sich um und legte ein paar rosa Speckstreifen auf den Grill. Der Mann schob das Seidel weg, richtete sich auf und faltete seine schlaffen, verkrümmten Hände auf der Bartheke. Sein Gesicht war traurig, als er den Zeitungsjungen ansah. Die Lider zwinkerten nicht, aber von Zeit zu Zeit schlossen sie sich zart und schwer über den blaßgrünen Augen.
Draußen graute der Morgen, und der Junge verschob das Gewicht seiner Zeitungstasche.
»Ich will von der Liebe sprechen«, sagte der Mann. »Bei mir ist sie ein System.«
Der Junge rutschte halb vom Barschemel herunter. Aber der Mann hob den Zeigefinger, und er hatte etwas an sich, das den Jungen festhielt, so daß er nicht fortgehen konnte.

»Vor zwölf Jahren habe ich mich mit der Frau auf der Fotografie verheiratet. Ein Jahr, neun Monate, drei Tage und zwei Nächte war sie meine Frau. Ich habe sie geliebt. Ja…«
Er straffte seine undeutliche, schwankende Stimme und wiederholte: »Ich habe sie geliebt. Und ich glaubte, daß sie mich auch liebte. Sie hatte ein behagliches, schönes Heim. Nie kam mir der Gedanke, sie könne nicht zufrieden sein. Aber weißt du, was dann geschah?«
»Miiiau!« machte Leo.
Der Mann wandte die Augen nicht vom Gesicht des Jungen ab.
»Sie hat mich verlassen. Eines Abends kam ich heim, und das Haus war leer, und sie war fort. Sie hat mich verlassen.«
»Mit einem andern?« fragte der Junge.
Der Mann legte seine Handfläche sachte auf die Bartheke. »Das ist wohl selbstverständlich, Son! Frauen laufen nie alleine fort.«
Das Café war still, und draußen auf der Straße fiel dunkel und unaufhörlich der sanfte Regen. Leo drückte den brutzelnden Speck mit den Zinken seiner langen Gabel herunter: »Und seit elf Jahren jagen Sie also dem Weibsbild nach, Sie abgeklapperter alter Knabe!«
Der Mann blickte zum erstenmal auf Leo: »Bitte

nicht so ordinär! Außerdem habe ich gar nicht mit Ihnen gesprochen.« Er wandte sich wieder an den Jungen und sagte vertraulich und mit heimlicher, gedämpfter Stimme: »Um den kümmern wir uns gar nicht! Einverstanden?«
Der Zeitungsjunge nickte unsicher.
»Es war nämlich so«, fuhr der Mann fort. »Ich bin ein sehr gefühlvoller Mensch. Mein Leben lang hat immer irgend etwas großen Eindruck auf mich gemacht: Mondschein – ein schönes Mädchenbein – immer eins nach dem andern. Aber der Witz ist nun der: wenn ich irgend etwas genossen hatte, dann überkam mich ein merkwürdiges Gefühl, als ob es lose in mir herumliege. Nichts schien sich bis zu Ende abzurollen, nichts schien zu den andern Dingen zu passen. Frauen? Von denen hatte ich mein Teil. Es war das gleiche. Hinterher lagen sie lose in mir herum. Ich war ein Mensch, der nie geliebt hatte.«
Sehr langsam schloß er die Augenlider, und es war, wie wenn sich im Theater am Schluß eines Auftritts der Vorhang senkt. Als er wieder sprach, war seine Stimme erregt, und die Worte überstürzten sich, und an seinen großen, schlaffen Ohren zitterten die Ohrläppchen.
»Dann begegnete ich jener Frau. Ich war einundfünfzig, und sie war dreißig, wie sie sagte. Ich

traf sie an einer Tankstelle, und nach drei Tagen waren wir verheiratet. Und weißt du, wie das war? Ich kann's dir gar nicht beschreiben. Alles, was ich je empfunden hatte, sammelte sich um jene Frau. Nichts lag mehr lose in mir herum: durch sie kam alles in Ordnung.«

Der Mann brach plötzlich ab und rieb sich die lange Nase. Seine Stimme klang leiser und gleichmäßig vorwurfsvoll. »Ich erkläre es nicht ganz richtig. Es war vielmehr so. Die schönen Gefühle und die kleinen Freuden lagen lose in mir herum. Und die Frau war für meine Seele so etwas wie ein laufendes Band. Ich ließ die losen Teilchen meines Selbst durch sie hindurchlaufen, und heraus kam ich als Ganzes. Verstehst du mich jetzt?«

»Wie hieß sie?« fragte der Junge.

»Oh«, sagte er, »ich nannte sie Dodo. Aber das gehört nicht hierher.«

»Haben Sie versucht, sie zurückzuholen?«

Der Mann schien nicht hinzuhören. »Unter solchen Umständen kannst du dir wohl vorstellen, wie mir zumute war, als sie mich verließ.«

Leo nahm den Speck vom Grill und legte zwei Streifen zwischen ein Brötchen. Er hatte ein graues Gesicht mit Schlitzaugen und einer mickrigen Nase, in deren Buchten bläuliche Schatten saßen. Einer von den Arbeitern verlangte nochmals Kaffee, und Leo schenkte ihm ein. Er goß nie umsonst nach. Die Spinnereiarbeiter nahmen jeden Morgen ihr Frühstück bei ihm ein, aber je besser Leo seine Kunden kannte, um so geiziger behandelte er sie. An seinem eigenen Brötchen knabberte er auch herum, als ob er sich's nicht einmal selber gönnte.

»Und Sie haben sie nie wieder erwischt?«

Der Junge wußte nicht, was er von dem Mann halten sollte, und in seinem Kindergesicht stritten sich Neugier und Zweifel. Er war noch ein Neuling auf seiner Zeitungsrunde, und er fand es immer noch seltsam, in der merkwürdigen, dunklen Morgenfrühe unterwegs zu sein.

»Nein«, sagte der Mann. »Ich unternahm allerhand Schritte, um sie wiederzubekommen. Ich reiste umher und versuchte, sie aufzustöbern. Ich fuhr nach Tulsa, wo sie Verwandte hatte. Und nach Mobile. Ich reiste in jede Stadt, die sie je erwähnt hatte, und ich spürte jedem Mann nach, mit dem sie früher bekannt war. Tulsa. Atlanta, Chicago, Cheehaw, Memphis... Fast zwei Jahre lang jagte ich im Land umher und versuchte, sie zu erwischen.«

»Aber das Pärchen war vom Erdboden verschwunden«, sagte Leo.

»Höre nicht auf ihn«, sagte der Mann vertraulich. »Und denk auch nicht mehr an die zwei Jahre. Sie waren nicht wichtig. Wichtig ist, daß mir im dritten Jahr etwas Sonderbares widerfuhr.«
»Was denn?« fragte der Junge.
Der Mann beugte sich vor und kippte das Seidel etwas schräg, um einen Schluck Bier zu schlürfen. Aber seine Nasenflügel zitterten leise, als er an dem schalen Bier roch, und er trank nicht. »Jedenfalls ist die Liebe etwas sehr Sonderbares. Zuerst dachte ich nur daran, sie wiederzubekommen. Es war wie eine Zwangsvorstellung. Und dann versuchte ich allmählich, mich an sie zu erinnern. Aber kannst du dir vorstellen, was mir passierte?«
»Nein«, antwortete der Junge.
»Wenn ich mich aufs Bett legte und versuchte, an sie zu denken, dann war mein Kopf plötzlich vollkommen leer. Ich konnte sie nicht sehen. Ich holte ihre Bilder hervor und betrachtete sie. Es nützte nichts. Es war ganz vergebens. Völlige Leere. Kannst du dir so was vorstellen?«
»Heda, Mac!« rief Leo einem Manne weiter unten an der Bar zu. »Kannst du dir so was vorstellen? Der Dummbart hat nichts im Kopf!«
Langsam, als verscheuche er eine Fliege, fuhr die Hand des Mannes durch die Luft. Seine grü-

nen Augen hefteten sich gespannt auf das flache kleine Gesicht des Zeitungsjungen.

»Doch plötzlich bei einer Glasscherbe auf dem Bürgersteig – oder bei einem Schlager aus einem Musikautomaten – oder bei einem Schatten des Nachts auf der Mauer: da konnte ich mich an sie erinnern. Vielleicht geschah's auf der Straße; dann weinte ich oder schlug mit dem Kopf gegen einen Laternenpfahl. Verstehst du das?«

»Bei einem Stück Glas…?« fragte der Junge.

»Bei allem möglichen. Ich schlenderte umher, und es stand nicht in meiner Macht, wann und wie ich mich an sie erinnerte. Du meinst sicher, man könnte sich mit einer Art Schild dagegen schützen. Aber die Erinnerung kommt nie von vorne auf einen zu – sie kommt seitlich um die Ecke. Allem, was ich sah und hörte, war ich gewissermaßen ausgeliefert. Anstatt daß ich die Gegend nach ihr abjagte, begann *sie* mich plötzlich in meiner Seele herumzujagen. *Sie* jagte *mich*, denk bloß an! Und in meiner Seele.«

Schließlich fragte der Junge: »In welchem Staat waren Sie damals?«

»Ach«, ächzte der Mann, »ich war richtig krank. Als hätt ich die Windpocken. Ich muß gestehen, Son, daß ich zu saufen anfing. Und herumhurte. Ich beging jede Sünde, die mir in den Sinn kam.

Es widert mich an, das zu gestehen, aber ich tu's trotzdem. Wenn ich mich an jene Zeit erinnere, stockt mir das Denken – es war so furchtbar!«
Der Mann beugte den Kopf vornüber und schlug mit der Stirn auf die Bartheke. Ein paar Sekunden lang blieb er so: der Nacken seines sehnigen Halses war mit apfelsinenfarbenen Stoppeln bedeckt, und die Hände mit den langen, verkrümmten Fingern hielt er Handfläche gegen Handfläche, wie im Gebet. Dann richtete der Mann sich wieder auf; er lächelte, und plötzlich war sein Gesicht hell und erregt und alt.
»Im fünften Jahr war's, daß es mir widerfuhr«, sagte er. »Und damit begann mein System.«
Leos Mund sprang in flüchtigem, blassem Grinsen auf. »Keiner von uns wird jünger«, sagte er. Dann zerknüllte er in jähem Ärger ein Geschirrtuch und schleuderte es auf den Fußboden. »Sie liederlicher alter Schürzenjäger!«
»Was kam dann?« fragte der Junge.
Die Stimme des alten Mannes war hell und klar. »Der Frieden«, antwortete er.
»Hm?«
»Es ist nicht so leicht, dir das wissenschaftlich zu erklären, Son«, sagte er. »Ich vermute, logisch läßt es sich einfach so erklären, daß sie und ich so lange voreinander fortrannten, bis wir schließ-

lich ganz verstrickt waren und uns hinlegten und es aufgaben. Frieden. Eine sonderbare und schöne Leere. In Portland war es Frühling, und es regnete jeden Nachmittag. Den ganzen Abend blieb ich im Dunkeln auf meinem Bett liegen. Und so erwarb ich mir mein System.«

Die Fenster draußen spiegelten das blaßblaue Licht. Die beiden Soldaten bezahlten ihr Bier und öffneten die Tür; der eine kämmte sich das Haar und wischte sich den Schmutz von den Wickelgamaschen, ehe er nach draußen ging. Die drei Spinnereiarbeiter beugten sich stumm über ihr Frühstück. An der Wand tickte Leos Uhr.

»Es ist so. Und hör jetzt gut zu! Ich hab über die Liebe meditiert und es alles herausgefunden. Ich hab begriffen, was wir falsch machen. Ein Mann verliebt sich zum erstenmal. Und in was verliebt er sich?«

Der weiche Mund des kleinen Jungen stand etwas offen; er gab keine Antwort.

»In eine Frau«, sagte der alte Mann. »Ohne System, ohne die geringste Anleitung wagt sich der Mann an das gefährlichste und heiligste Erlebnis auf Gottes Erde. Er verliebt sich in eine Frau. Hab ich recht, Son?«

»Ja«, sagte der Junge leise.

»Aber sie fangen die Liebe am falschen Ende an. Sie fangen beim Höhepunkt an. Kann man sich da wundern, daß es unglücklich ausgeht? Weißt du, wie die Menschen lieben sollten?«
Der alte Mann packte den Zeitungsjungen beim Kragen seiner Lederjacke und schüttelte ihn ganz sachte, während seine grünen Augen ernst und ohne zu zwinkern auf ihn niederschauten.
»Son, weißt du, wie Liebe anfangen sollte?«
Der Junge saß ganz klein und still da und hörte zu. Er schüttelte langsam den Kopf. Der alte Mann beugte sich näher heran und flüsterte:
»Ein Baum. Ein Felsen. Eine Wolke.«
Auf der Straße draußen regnete es immer noch. Ein milder, grauer, unaufhörlicher Regen. Die Fabriksirene pfiff zum Schichtwechsel, und die drei Spinnereiarbeiter zahlten und gingen. Nun war niemand mehr im Café außer Leo, dem alten Mann und dem kleinen Zeitungsjungen.
»In Portland war das Wetter so wie heute«, erzählte der alte Mann. »Damals fing ich mit meinem System an. Ich meditierte, und ich ging ganz behutsam vor. Ich brachte irgend etwas von der Straße mit nach Hause. Ich kaufte einen Goldfisch und konzentrierte mich auf den Goldfisch und liebte ihn. Und so stieg ich von einer Stufe zur nächsten. Tag für Tag habe ich mich

darin geübt. Auf dem Wege von Portland nach San Diego...«

»Ach, hör schon auf!« schrie Leo plötzlich. »Hör auf! Hör schon auf!«

Der alte Mann hielt den Jungen noch immer beim Jackenkragen gepackt. Er zitterte, und sein Gesicht war ernst und leuchtete wild. »Sechs Jahre bin ich nun ganz allein herumgezogen und habe mein System. Und jetzt bin ich darin ein Meister geworden, Son! Ich kann alles lieben. Ich brauche nicht mal mehr darüber nachzudenken. Ich sehe eine Straße mit vielen Menschen, und ein schönes Licht erfüllt mich. Ich beobachte einen Vogel in den Lüften. Oder ich begegne einem Wanderer auf der Landstraße – einerlei, was, Son, und einerlei, wer es ist. Alles ist fremd, und alles liebe ich. Begreifst du, was ein System wie meins bedeuten kann?«

Der Junge saß steif da. Die Hände hatte er um den Rand der Bartheke geklammert. Schließlich fragte er: »Haben Sie die Dame noch gefunden?«

»Wie? Was hast du gesagt, Son?«

»Ich meinte«, sagte der Junge schüchtern, »ob Sie sich wieder in eine Frau verliebt haben?«

Der alte Mann ließ den Kragen des Jungen los. Er wandte sich ab, und zum erstenmal stand in seinen grünen Augen ein unsicherer und wirrer Ausdruck. Er hob das Seidel von der Theke und kippte das gelbe Bier hinunter. Er schüttelte sehr langsam den Kopf. Dann endlich antwortete er: »Nein, Son! Das wäre nämlich der letzte Schritt in meinem System. Ich gehe aber behutsam vor. Und so weit bin ich noch nicht.«

»So was!« sagte Leo. »So was! So was!«

Der alte Mann stand in der offenen Tür. »Vergiß es nicht«, sagte er. Im feuchten grauen Licht der ersten Morgenfrühe sah er eingeschrumpft und schäbig und gebrechlich aus. Aber sein Lächeln war strahlend. »Vergiß es nicht, daß ich dich liebe«, sagte er und nickte noch ein letztes Mal. Und die Tür fiel leise hinter ihm ins Schloß.

Lange Zeit sagte der Junge kein Wort. Er zupfte an den Haarsträhnen, die ihm in die Stirn hingen, und fuhr mit dem schmutzigen kleinen Zeigefinger um den Rand seiner leeren Tasse. Dann fragte er endlich, ohne Leo anzusehen: »War er betrunken?«

»Nein«, antwortete Leo knapp.

Der Junge hob die Stimme: »Dann war er wohl einer, der Rauschgift nimmt?«

»Nein.«

Der Junge blickte zu Leo auf, und sein flaches Gesichtchen war ratlos, und die Stimme war hartnäckig und schrill: »War er denn verrückt? Glauben Sie, daß er wahnsinnig ist?« Und in jähem Zweifel ließ der Zeitungsjunge die Stimme sinken: »Leo? Oder was sonst?«

Aber Leo antwortete ihm nicht. Vierzehn Jahre lang hatte er das kleine Nachtcafé gehabt, und er war überzeugt, daß er sich auskannte, was Verrücktheit betraf. Aus der Stadt kamen sie oder auch Durchreisende, die nachts hier auftauchten. Er kannte den Wahn jedes einzelnen von ihnen. Aber die Fragen des wartenden Kindes wollte er nicht beantworten. Er verkniff sein bleiches Gesicht und schwieg.

Der Junge zog die rechte Ohrenklappe seines Sturzhelms herunter, und als er sich zum Gehen wandte, machte er eine Bemerkung – die einzige, die ihm geheuer schien, die einzige, derentwegen ihn keiner auslachen und verachten konnte: »Bestimmt ist er weit herumgekommen.«

Aus dem Amerikanischen von Elisabeth Schnack

Raymond Jean
Die Vorleserin

Ich merke sofort, daß der liebe Michel nicht zum Zuhören aufgelegt ist. Aber es bleibt ihm nicht erspart. Ich preise die Verdienste von Pérec, dessen Namen er nie gehört hat. Wir nehmen Platz, und ich fange an (nachdem ich ihm versichert habe, daß er mit so einem Text bei großen Essen bestimmt den besten Eindruck machen wird):
Ich habe keine Kindheitserinnerungen. Bis zu meinem zwölften Lebensjahr etwa läßt sich meine Geschichte in wenigen Zeilen zusammenfassen: mit vier Jahren habe ich meinen Vater, mit sechs meine Mutter verloren; ich habe den Krieg in verschiedenen Internaten in Villard-de-Lans verbracht. 1945 adoptierten mich die Schwester meines Vaters und ihr Mann.
Diese Geschichtslosigkeit hat mich lange beruhigt: ihre objektive Dürre, ihre offensichtliche Gewißheit, ihre Unschuld beschützten mich, wovor aber beschützten sie mich, wenn nicht gerade vor meiner Geschichte, meiner erlebten Geschichte, meiner wirklichen Geschichte, meiner eigenen Geschichte...

Er fällt mir ins Wort, und ich begreife sofort, daß ich schwerlich weiterlesen kann.
Meiner eigenen Geschichte… meiner eigenen Geschichte, sagt er und stottert beinahe… ich weiß nicht, wovon dieser Herr redet… aber *meine* eigene Geschichte, das sagte ich schon, ich wiederhole es noch einmal, ist fürchterlich, zum Verzweifeln, schlimmer, als Sie es sich vorstellen können… diese Frau, der ich alles gegeben, alles geopfert habe und die mich hat sitzenlassen… in einer Weise, die ich gar nicht näher beschreiben will, beschreiben *kann*… und jetzt diese Leere… und die abscheuliche Geschäftswelt, die ewigen Sitzungen, Geschäftsessen und Geschäftsreisen, die diese Leere noch spürbarer machen… ich kann nicht mehr… ich will nichts mehr hören… Kommen Sie!
Wohin? Ins Schlafzimmer. Schon ist er an meiner Seite und zieht mich ohne übertriebene Rücksicht am Arm. Kein Zweifel, heute soll es sein. Und zwar schnell und erfolgreich.
Da ich innerlich einverstanden bin, braucht er keine großen Kanonen aufzufahren. Da sind wir also in seinem Schlafzimmer und bald darauf im Bett. Ich habe mich schnell ausgezogen, vielleicht war das verkehrt, aber in dieser Jahreszeit rutsche ich gern so schnell wie möglich unter die

Laken und Decken. Er ist sicherlich überrumpelt und wagt nicht, es genauso zu machen. Das Schweigen muß für ihn unerträglich sein; er hüstelt jedenfalls mehrmals, dann setzt er sich auf den Bettrand und ergreift meine Hand. Ich bin ja so gerührt, sagt er, so gerührt... ich hielt es nicht für möglich! Er hat mein Handgelenk umklammert, als wäre ich ein fieberndes Kind, und er fühlt mir den Puls, aber es ist eindeutig sein Puls, der zu schnell schlägt. Ich sage ganz einfach: Kommen Sie.

Er entschließt sich endlich aufzustehen und geht zögernd ins Badezimmer. Ich höre Wasser laufen, viel Wasser. Kleidungsstücke fallen. Dann wird ein Flakon benutzt und wieder auf das Waschbecken oder den Badewannenrand gestellt, eine Hand klopft vermutlich etwas Alkohol oder Lavendelwasser auf rauhe Wangen oder andere Körperteile. Er kommt mit einem großen weißen Handtuch um die Hüften zurück. Er geht zum Fenster, zieht den Vorhang vor. Er zögert immer noch, kann sich nicht entschließen, zu mir zu kommen, tut es dann aber doch. Kaum ist er im Bett, da steige ich heraus und gehe nun auch ins Badezimmer, mit seiner Genehmigung. Baß erstaunt und mit großen Augen sieht er mir nach, wie ich durchs Zimmer gehe. Ich lasse nun auch Wasser einlaufen. Ich komme auch mit einem weißen, um die Taille drapierten Handtuch zurück, das ich über der Hüfte fest verknotet habe. Ich mache einen Umweg durchs Wohnzimmer, um ein Buch mitzunehmen, genaugenommen zwei Bücher. Wieder im Bett sage ich: Wir lesen noch ein paar Sätzchen Pérec, und vielleicht sogar Claude Simon.

Ich sitze in den Laken, den Rücken ans Kopfkissen gelehnt, und blättere in einem der beiden Bücher, auf der Nase meine Brille. Er liegt ausgestreckt neben mir. Mit kläglicher Stimme sagt er: Erbarmen, seien Sie nicht sadistisch! Ich lese ein paar Zeilen. Er unterbricht mich: Ach, Ihre Stimme! Alles kommt von Ihrer Stimme! Sie dringt mir bis ins Mark! Noch nie habe ich eine solche Stimme gehört wie Ihre, Marie-Constance! Mich überläuft's am ganzen Körper! Stellen Sie sich das vor!

Er nimmt meine Hand und legt sie mit Entschiedenheit auf seine Brust: ein schöner Oberkörper, gut gepolstert. Als ich sie wegziehe, schaut er unzufrieden drein, enttäuscht. Er steht plötzlich auf und erklärt, daß er Zigaretten holen will. Es scheint ihn nicht zu genieren, daß er nackt durchs Zimmer geht. Er ist nicht übel: gut gebaut, kräftig (breite Schultern).

Er kommt mit seiner Packung Marlboro zurück, legt sie auf den Nachttisch, dazu ein Feuerzeug und einen Aschenbecher. Da ich wieder das Buch ergriffen habe, setzt auch er sich aufrecht ins Bett, nimmt eine Zigarette und zündet sie an, wahrscheinlich, um seine schlechte Laune zu demonstrieren.

Da ist es soweit! Er drückt rasch die Zigarette im Aschenbecher aus, reißt mir Buch und Brille weg und wirft sich mir nichts dir nichts auf mich. Er umschlingt mich, erdrückt mich. Das Unvermeidliche geschieht: Er mag mich noch so eng an sich drücken, an sich pressen, mich abküssen, Mund, Ohren, Hals, beide Brüste, mit erschrekkender Gier – das Ergebnis läßt zu wünschen übrig. Er merkt es, dreht sich plötzlich zur Seite und kehrt mit pathetischem Gesichtsausdruck in die Ausgangsposition zurück.

Ich wußte es, sagt er, ich hatte es befürchtet... dabei bist du so schön, so wunderbar, so außergewöhnlich... eben weil ich so sehr nach dir verlange... diese wahnsinnige Ungeduld, das verzweifelte, krankhafte Nichtabwartenkönnen... du mußt verstehen, daß es mir ergeht wie einem, der seit Monaten nichts gegessen hat und der sich plötzlich an einem üppig gedeckten Tisch, an einer königlichen Tafel sitzen sieht... er bekommt keinen Bissen hinunter... er stirbt vor Hunger, aber sein Magen sperrt sich, sein Schlund sperrt sich...

Statt die Unterhaltung fortzusetzen, zieht er es vor, sich wieder eine Zigarette anzuzünden. Ich ermahne ihn, kein Loch in die Laken zu brennen, und begehe die fatale Ungeschicklichkeit, ihm zu sagen, daß ihm seine Frau besser beigebracht hätte, im Bett nicht zu rauchen. Er schnellt wie von einer Feder getrieben empor und steht auf, um das Foto einer übrigens ganz hübschen Frau zur Wand zu drehen, das dem Bett gegenüber auf einem Regal steht. Ich hab's vergessen! sagt er wutgeladen, sie hat hier nichts mehr zu suchen... vor allem nicht heute! Dann kehrt er ganz unglücklich zum Bett zurück und wehklagt: Und ich, habe ich denn noch etwas zu suchen hier? Hier oder überhaupt im Leben?

Ich sage: ja, aber sicher, ich versuche ihn zu trösten und überrede ihn, wieder neben mir Platz zu nehmen. Er tut es, aber sichtlich niedergeschlagen. Ich weiß nicht, warum ich das Gefühl habe, daß diese Niedergeschlagenheit sich in jedem Moment in einen Gewaltakt verwandeln könnte. Ich beruhige ihn daher und versichere ihm, daß das, was ihm passiert ist, völlig normal ist und nichts Besonderes auf sich hat. Er soll

sich beruhigen, entspannen, Körper und Geist lockern, und gerade dabei wäre ein wenig Lektüre äußerst hilfreich.
Ich sitze immer noch nackt im Bett, immer noch mit Brille und Pérec. Er hört zu.
Wieder einmal wurden die Fallen des Schreibens aufgestellt. Wieder einmal war ich wie ein Kind, das Versteck spielt und nicht weiß, was es am meisten fürchtet oder wünscht: versteckt bleiben, entdeckt werden...
Schüchtern legt er seine Hand auf eine meiner Brüste, ohne Schwung und Leidenschaft, ohne Eroberungsdrang. Ich ahne, daß er Mut und Zeit braucht. Ich lege das Buch aus der Hand, atme tief durch und lasse meinen Blick durch die falschen Brillengläser kreisen. Ein schönes Zimmer mit zartrosa getönten Wänden und schwarzen, sehr effektvollen Wandleuchten. Einfaches Mobiliar in geometrischen Formen. Ein rhombenartig geschnittener Spiegel, in dem ich mich selbst sehe und auch seine Hand auf mir. An der Wand ein Bild, das mich an Mondrian erinnert. Ein Traumtelefon mit Tasten in leuchtendem Lila, direkt am Bett. Eine schlanke Kristallvase von erlesener Eleganz neben dem umgedrehten Foto.
Ich hatte mir nicht die Zeit genommen, das alles

genau anzusehen. Jetzt entdecke ich eins nach dem anderen. Das Zimmer ist groß, angenehm, aufgeräumt. Die Putzfrau ist offenbar tüchtig. Es liegt sich gut in diesem Bett. Aber etwas muß geschehen. Das denkt er wohl auch, denn der Druck seiner Hand nimmt spürbar zu. Gleichzeitig sagt er leise, gedämpft, etwas erstickt beinahe, daß ich einen schönen, sehr schönen Busen habe.

Ich schlage vor, die Decken und Laken beiseitezuschieben, denn für Liebesspiele liegt man besser offen da, jedenfalls nicht allzu versteckt. Das würde ein besseres Vorspiel ermöglichen.

Obwohl er den Vorschlag sichtlich etwas überraschend findet, vielleicht weil er eine Falle dahinter vermutet, ist er damit einverstanden, will aber die Heizung höher stellen, damit ich nicht friere. Schon springt er wieder aus dem Bett und dreht am Heizkörper. Er fragt sogar, ob er ein elektrisches Öfchen dazustellen soll. Er soll es nicht, der Raum ist so schon warm genug. Wenn er wirklich Wärme sucht, dann kann ich ihm meinen Körper anbieten.

Das hat er verstanden: Kaum ist er wieder im Bett, wirft er sich auf mich. Aber diesmal umgekehrt. Vielleicht um Enttäuschungen wie vorhin zu vermeiden. Das heißt, er preßt seinen Kopf auf meinen Bauch, küßt ihn, leckt ihn mit unerhörter Heftigkeit rund um den Nabel herum (daß dieser nicht genau in der Mitte liegt, scheint er gar nicht zu bemerken, zumindest hemmt es seinen Schwung nicht), taucht dann taumelnd tiefer, hinab zu meinem Geschlecht, und vergräbt sein Gesicht zwischen meinen Beinen, die ich so weit es geht auseinanderbreite.

Langsam überkommt mich ein Rausch, greift auf meine Hüften über, steigt wie eine Welle höher und höher bis zum Gehirn. Er schnäbelt wild an mir herum, verschmaust mich wie von Sinnen.

Als ich mich vorhin vorstellte, habe ich ganz vergessen, auch mein Schamhaar zu erwähnen, das ganz dicht gelockt und buschig ist. Zu allem Unglück muß sich eins dieser Haare auf seiner Zunge quergelegt haben oder in den falschen Hals geraten sein, denn auf einmal, im leidenschaftlichsten Moment, kriegt er einen Hustenanfall. Er hebt den Kopf, hustet immer heftiger, erstickt beinahe, ringt nach Atem und wird so rot, daß mir angst und bange wird.

Es gilt, meine Sinne zu sammeln und eine schicklichere Haltung einzunehmen. Ich frage ihn, ob ich etwas für ihn tun kann, schlage vor, ihn ins Badezimmer zu begleiten. Da stehen wir vor dem Waschbecken, über dem ich das Licht

angeknipst habe, und während er noch immer hustet, schaue ich ihm in Mund und Hals und suche den Fremdkörper, der ihn so irritiert. Ich bräuchte eine Taschenlampe und wohl auch eine Pinzette oder etwas Ähnliches, um das Ding herauszuziehen. Ich versuche es, so gut es geht, mit den Fingern, tauche tief hinein, taste alles ab und rühre offenbar an den entscheidenden Punkt, denn plötzlich ist er wie erlöst, kommt wieder zu Atem. Ich rate ihm, etwas Wasser zu trinken, sofort. Er füllt sein Zahnputzglas unterm Wasserhahn und trinkt.
Er weiß offensichtlich nicht mehr genau, woran er ist. Seine Augen sind rot, sein Haar ganz wirr. Immerhin scheint ihn das Trauma dieses Vorfalls aus seinen Phantasmen, seinen Obsessionen herausgerissen zu haben, und der Mann, den ich jetzt an der Hand zurück ins Bett führe, ist ganz entspannt und folgsam. Er läßt alles mit sich geschehen. Sanft nehme ich von seinem Körper Besitz, streichle ihn von Kopf bis Fuß, während er mit geschlossenen Augen daliegt und leise, genußvolle Worte von seinen Lippen kommen; und nach kurzer Zeit habe ich nicht mehr die geringste Mühe, mich auf ihn zu setzen und liebevoll auf ihm zu reiten.
Ich richte meinen Oberkörper auf, um ihn zu se-

hen, und fühle mich prächtig, wie eine Königin, eine Meisterin. Er atmet immer tiefer, keucht, aus dem Gemurmel wird ein dumpfes Brummen. Ich sage ihm, daß man in der Liebe nichts überstürzen darf, daß man es möglichst lange hinziehen muß, und schlage ihm daher vor, die unterbrochene Lektüre fortzusetzen, denn das Buch liegt ja da, irgendwo unter den Decken. Ich suche es, finde es, öffne es, lese (obgleich ich tatsächlich sehr viel Mühe habe, mich und meine Stimme zu beherrschen):

W. gleicht meiner olympischen Wahnvorstellung so wenig, wie diese olympische Wahnvorstellung meiner Kindheit glich. Doch ich weiß, daß in dem Netz, das sie bilden, wie in dem Lesestück, das ich daraus mache, der Weg verzeichnet und beschrieben ist, den ich zurückgelegt habe, die Entwicklung meiner Geschichte und die Geschichte meiner Entwicklung.

Die Initiative ist wohl nicht sehr glücklich. Ich spüre in mir in unzweideutiger Weise, daß sie sich negativ auswirkt. Er hat übrigens die Kraft gefunden, die Augen aufzumachen und mit flehendem Blick zu sagen: Ach nein! Alles, nur keine *Lektüre*, nicht jetzt! Er hat bestimmt recht.

Das Buch verschwindet. Alles übrige kehrt zurück. Ich weiß nicht, was sich in ihm und in mir auf einmal wie wild geworden auftut. Ich bitte ihn, die Augen offenzuhalten, so lange wie möglich. Er sagt, daß es sehr schwer ist, fast als wollte man direkt in die Sonne sehen. Ich bleibe jedoch dabei, ich will, daß er mein Gesicht sieht, so wie ich das seine. Er schaut mich an. Ich weiß nicht, ob mit Zärtlichkeit oder Schmerz. Ich beginne eine ruhige Unterhaltung mit ihm, bei der ich ihm klarzumachen versuche, daß die Vorzüge der Lektüre denen der Liebe gar nicht so unähnlich sind, wie er offenbar glaubt. Er antwortet, das könne schon sein, aber daß er mich in diesem Moment einfach liebt, nichts anderes. Er weiß es, er ist ganz sicher. Ich bemühe mich, meine Gesichtszüge unter Kontrolle zu halten, sie sollen mir nicht entgleiten, und auch meine Stimme soll nicht untergehen; ich will mir das Sehen und das Sprechen bewahren. Er sagt nichts mehr, er hat seine Hände auf meine Hüften gelegt und drückt mit der ganzen Kraft seiner Verzweiflung, die Liebe sein soll. Ich lege meine Hände auf seine Schultern, und während mein Gesicht über seinem schwebt, sage ich ruhig, daß er sich in bezug auf mich keine Illusionen machen soll, daß ich gekommen bin, um ihm Bücher vorzulesen, wie er es wünschte, und daß ich wahrscheinlich nur zu diesem Zweck wiederkommen werde.

Er sagt mit kaum wahrnehmbarer Stimme: Gut, gut, einverstanden. Ich fühle den riesengroßen Baum des Nichts, des Glücks und des Deliriums in mir wachsen. Mein ganzer Körper beginnt sich hin und her zu wiegen: die Hüften, an die er sich jetzt wie an einen Rettungsring klammert, der Po, das Kreuz, die Oberschenkel und alles, was in mir ist. Es ist wie auf dem Schiff, eine Reise. Er öffnet wieder die Lippen, bittet, daß diese Reise nie aufhören möge. Ich kann ihm gerade noch sagen, daß sie aufhören wird wie alle Reisen, bevor ich den Kopf nach hinten werfe, ins tiefe Wasser.

(Auszug aus dem gleichlautenden Roman.)
Aus dem Französischen von Erika Tophoven

Gustave Flaubert

Erinnerungen eines Narren

Dies sind meine köstlichsten und zugleich schmerzlichsten Erinnerungen. Noch immer leben sie in meinem Gedächtnis und glühen in meinem Innersten nach. Diese Leidenschaft schlug meinem Herzen blutige Wunden, deren Narben niemals verheilen werden. Doch nun, da ich dieses Kapitel meines Lebens aufzeichne, schlägt mein Herz so, als würde die geliebte Vergangenheit wieder Gegenwart.

Ich war damals sehr jung, etwa fünfzehn Jahre alt. Wir verbrachten den Sommer in einem reizenden Dorf an der See. Die Häuser standen dicht zusammengedrängt, schwarz, grau, rot und weiß, schief und krumm durcheinander, ohne rechte Anordnung und ohne jede Symmetrie, wie ein Haufen Muscheln und Kieselsteine, die eine Welle ans Ufer geschwemmt hat. Man begegnete außer den Ortsansässigen nur ab und an einigen Künstlern. Das Ufer war menschenleer, und bei Ebbe blickte man über die ungeheuere Weite des Strandes; silbriggrau schimmerte der noch feuchte Sand in der Sonne, und gemächlich

schlugen an ruhigen Tagen die Wellen an die von Seegras geschwärzten Felswände, die sich im Westen erhoben. In der Ferne dehnte sich unter der glühenden Sonne der Ozean aus, dumpf grollend wie ein stöhnender Riese. Kam man ins Dorf, so wurde einem das lebendigste und bunteste Spiel zuteil. Vor den Türen waren schwarze, vom Wasser zernagte Netze ausgespannt, auf dem grauen Kieselsteinpflaster tummelten sich halbnackte Kinder, und überall standen Matrosen in ihren roten und blauen Blusen herum. Ein Bild kraftvollen Daseins, anmutig, schlicht. Bei meinen einsamen Spaziergängen am Strande kam ich eines Tages zufällig an den Platz, wo man zu baden pflegte. An diesem Tag prangte ein entzückender rot und schwarz gestreifter Umhang im Sande. Die Flut stieg bereits wieder, Schaum bekränzte den Strand, und schon hatte eine starke Welle die Fransen dieses Mantels benetzt. Ich hob ihn auf, um ihn etwas weiter zurückzulegen. An dem weichen, zarten Stoff erkannte ich, daß es ein Frauenmantel war.
Offenbar hatte man mich beobachtet, denn am selben Tage beim Mittagessen, das man gemeinsam im Gasthof einnahm, hörte ich plötzlich jemand zu mir sagen: »Sie sind ein liebenswürdiger junger Mann, ich danke Ihnen vielmals.«

Ich wandte mich um. Am Nachbartisch saß eine junge Frau mit ihrem Gatten. »Wofür denn?« fragte ich geistesabwesend.
»Nun, dafür, daß Sie meinen Mantel aufgehoben haben. Das waren doch Sie, nicht wahr?«
»Ja, Madame«, erwiderte ich verlegen. Sie sah mich an, ich senkte den Blick und errötete. Welche Augen! Wie schön war diese Frau! Wie eine Sonne umfing mich ihr strahlender Blick. Sie war hochgewachsen, das prachtvolle schwarze Haar fiel in Flechten auf ihre Schultern herab. Sie hatte ein griechisches Profil, leuchtende Augen, hohe, wundervoll geschwungene Augenbrauen, ihre gebräunte Haut glänzte wie goldfarbener Samt. Die Glieder waren schmal und zart. Über die dunkler gefärbte Halspartie zog sich ein Netz azurblauer Adern. Vielleicht hätte man ihr die künstlerische Sorgfalt vorwerfen können, mit der sie ihre üppige Schönheit freimütig den Blicken darbot. Deshalb fanden die meisten Frauen ihre Erscheinung auch ein wenig anstößig. Der leichte Flaum, der ihre Oberlippe beschattete, verlieh ihrem Gesicht einen solch männlich energischen Ausdruck, daß alle blonden Schönheiten verblassen mußten. Sie sprach langsam, mit ausdrucksvoller, wohlklingender Stimme.

An jenem Tage trug sie ein weißes Kleid aus duftigem Musselin, der so dünn war, daß man die sanften Umrisse ihrer Arme deutlich erkannte.
Als sie vom Tisch aufstand und sich zum Fortgehen anschickte, setzte sie einen kleinen weißen Hut auf, dessen rosafarbenes Band sie mit zarten Händen unter dem Kinn zusammenknüpfte; köstliche Hände, die ich in meinen Träumen mit glühenden Küssen bedeckte.
Jeden Morgen ging ich nun an den Strand, um sie beim Baden zu beobachten. Ich sah sie von ferne im Wasser, und ich beneidete die geruhsamen Fluten, die ihre Hüften umspülten und diesen wogenden Busen mit Schaum bedeckten. Ich sah die Formen ihres Körpers unter dem nassen Badekleid, und wie gebannt schaute ich auf ihre Füße. Mein Blick folgte der Spur ihrer Schritte, und ich war fast den Tränen nahe, wenn die Wellen diese Zeichen langsam wieder löschten. Dann, als sie zurückkam und so dicht an mir vorüberging, daß ich das leise Knirschen des Sandes vernahm und hörte, wie das Wasser aus ihrem Badekleid tropfte, schlug mir das Herz bis zum Halse. Ich senkte den Blick, das Blut stieg mir zu Kopf, ich glaubte zu ersticken. Allzu deutlich spürte ich die Nähe dieses halbnackten, vom Duft des Meeres umhüllten Frauenkörpers. Wä-

re ich taub und blind gewesen, ich hätte dennoch ihre Gegenwart erahnt, denn jedesmal, wenn sie so an mir vorüberging, geriet mein tiefstes Inneres in eine nie gekannte Ekstase. Ich badete in einer Welt von Zärtlichkeit.

Noch immer sehe ich den Platz vor mir, wo ich wie gebannt am Ufer verharrte, ich sehe die Wellen von allen Seiten heranströmen, sich brechen und sich ausbreiten. Ich sehe den Strand ringsum von Schaum bekränzt und höre ein fernes Stimmengewirr. Plötzlich vernehme ich dann das Geräusch ihrer Schritte, höre ihren Atem an mir vorüberstreifen. Unbeweglich stand ich da, geblendet, als sei Venus selber von ihrem Sockel herabgestiegen.

Zum ersten Mal fühlte ich mein Herz. Es war ein seltsam-rätselhaftes Gefühl, so fremdartig, als sei mir ein neues Sinnesorgan geschenkt worden. Unbestimmte, zerflatternde Bilder wiegten mich ein; ich wurde größer und fühlte mich stolzer. Ich liebte. Man muß jung sein und lieben, alle Harmonien der Natur erleben und ganz von diesem Traum, von dieser Leidenschaft durchdrungen sein; das ist das Glück. O wie wundersam erregend, wie atemberaubend sind diese ersten Liebeserlebnisse, und wie dumm, wie nichtig erscheinen sie uns dann später. Eigentümlich.

Aber jener Zustand steter Schlaflosigkeit birgt sowohl Freude wie Qual. Herrscht auch hier noch die Eitelkeit? Wäre auch die Liebe nur eine Ausgeburt des Stolzes? Soll man verleugnen, was selbst die Gottlosen verehren? Soll man jede Regung des Herzens verlachen? Ach, die Flut hat längst die Spur von Marias Schritten ausgelöscht.

Zuerst lebte ich in einem fast mystischen Rausch. Ich empfand nur Überraschung und Bewunderung, keinerlei Wollust. Erst später plagte mich jene düster lodernde Glut, die Fleisch und Seele verzehrt. Staunend entdeckte ich mein Herz. Es war eine neue Welt.

Ich glich dem ersten Menschen, als er sich plötzlich all seiner Fähigkeiten bewußt wurde. Wovon ich eigentlich träumte, vermag ich nicht zu sagen. Ich war mir selber unbegreiflich und fremd geworden. In meiner Seele ertönte nun plötzlich eine Stimme. Ein Nichts, eine Falte ihres Kleides, ein Lächeln, der Anblick ihres Fußes, das kleinste, unbedeutendste Wort beeindruckten mich wie übernatürliche Erscheinungen und gaben mir einen ganzen Tag lang Stoff zum Träumen. Im Schutze einer hohen Mauer folgte ich ihrer Spur, schon das Knistern ihrer Gewänder ließ mich vor Entzücken erbeben.

Sogar heute, da ich über alles spotte und von der Narrheit unseres Daseins so bitter überzeugt bin, glaube ich noch immer, daß die Liebe, wie ich sie in der Schule erträumte, ohne sie zu besitzen, wie ich sie dann später kennenlernte, daß die Liebe, die mir so viel Tränen entlockte und über die ich so viel gelacht habe, zugleich das erhabenste Gefühl und die albernste aller Dummheiten ist.

Heinrich von Kleist

Mord aus Liebe

Man hat vor einiger Zeit in den öffentlichen Blättern gelesen, daß ein Paar Liebende sich gegenseitig aus Verzweiflung in einem Augenblikke getötet hatten. Ein ganz gleicher Vorfall ereignete sich im Jahre 1770 zu Lyon. Ein italienischer Fechtmeister, namens Faldoni, hatte sich bei seinen Übungen einen solchen Schaden zugefügt, daß die Wundärzte, welche ihn zu behandeln hatten, erklärten, er müsse bald daran sterben, weshalb er sich immer auf seinen Tod vorbereiten möchte. Der Unglückliche liebte seit einiger Zeit mit der heftigsten Leidenschaft ein Mädchen, von dem er wieder geliebt wurde. Beide Liebenden gerieten durch diese Erklärung der Wundärzte anfangs in die heftigste Verzweiflung. Der eifersüchtige Italiener konnte sich nicht entschließen, seine Geliebte in der Welt zurückzulassen, und diese beteuerte, sie würde ihn nicht zu überleben vermögen. Auf diese Versicherung gestützt, brütete von nun an Faldoni über dem schrecklichsten Gedanken; allein ehe er ihn ausführte, wollte er die Wahrheit der Gesinnung seiner Geliebten auf die Probe stellen. In einem Augenblicke der Zärtlichkeit und des Schmerzes ließ er sie mehrmals wiederholen, daß ihr ohne ihn das Leben ganz gleichgültig, ja verhaßt sei. Hierauf zog er ein Fläschchen aus der Tasche und sagte: »Das ist Gift!« und sogleich verschlang er es. Außer sich vor Schmerz entriß ihm seine Geliebte den Rest und schluckte ihn begierig hinunter. Allein nun gestand er ihr, daß er bloß ihre Liebe und ihren Mut habe auf die Probe stellen wollen. Mit schmerzlicher Freude teilte er einem Freunde den gemachten Versuch mit. Dieser nahm ihm seine Waffen weg und bemühte sich, ihn von den düsteren Ideen, die ihn quälten, zu befreien. Der Kranke stellte sich beruhigt und äußerte, gegen die Meinung der Ärzte, die Hoffnung, seinen Unglücksfall zu überleben, indem er vorgab, es habe ihm ein Wundarzt in einer entfernten Stadt versprochen, ihm das Leben zu erhalten. Unter diesem Vorwand trat er diese Reise an. Einige Tage darauf bat das Mädchen ihre Eltern, sie möchten ihr erlauben, in ihrem Landhause zu Ivigny an den Ufern der Rhône, zwei Stunden von Lyon, der Landluft auf einige Zeit zu genießen. Der Italiener begab sich sogleich, mit zwei Waffen versehen, dahin. Das Mädchen schrieb nun an ihre

Eltern einen Brief, worin sie auf ewig von ihnen Abschied nahm. Nachdem sie hierauf alle Bedienten entfernt hatte, verschlossen sich die Liebenden in die Hauskapelle. Hier setzten sie sich am Fuße des Altars nieder und schlangen mit dem linken Arme ein Band um sich. Jedes hielt ein Pistol auf das Herz des andern, und mit einer Bewegung gingen beide Pistolen los und durchbohrten die Brust von beiden mit einem Male. Die Mutter war indessen, um den unglücklichen Plan zu vereiteln, sogleich in der größten Eile von Lyon abgereist, allein sie fand nur die entseelten Körper fest aneinander geschlossen. Ihre Tochter hatte die Augen mit einem Tuche verbunden, Faldoni aber sein Gesicht mit seiner Redingote verhüllt. Der Liebhaber war dreißig und seine Geliebte zwanzig Jahre alt.

Aus den Berliner Abendblättern

Anton Tschechow
Rendezvous in der Sommerfrische

Ich liebe Sie, Sie sind mein Leben, mein Glück – alles! Verzeihen Sie mir dieses Geständnis, aber es geht über meine Kraft, zu leiden und zu schweigen. Ich bitte Sie nicht, mein Gefühl zu erwidern, sondern ich bitte Sie um Ihr Mitgefühl. Seien Sie heute um acht Uhr abends in der alten Laube… Ich halte es für überflüssig, mit meinem Namen zu unterschreiben, aber Sie brauchen keine Angst vor der anonymen Absenderin zu haben. Ich bin jung und sehe gut aus… was brauchen Sie mehr?«

Nachdem der Sommerfrischler Pawel Iwanytsch Wychodzew, ein solider Familienvater, diesen Brief gelesen hatte, zuckte er mit den Achseln und kratzte sich verwundert die Stirn.

Was ist denn das wieder für eine Teufelei? dachte er. Ich bin ein verheirateter Mann, und plötzlich so ein sonderbarer… dummer Brief! Wer mag das nur geschrieben haben?

Pawel Iwanytsch drehte den Brief vor seinen Augen hin und her, las ihn noch einmal und spuckte aus.

»Ich liebe Sie...« äffte er nach. »Da hat sie den richtigen Burschen erwischt! Ich werde gleich zu dir in die Laube laufen! Diese Romanzen und Liebeleien habe ich mir, meine Verehrteste, schon längst abgewöhnt... Hm! Wahrscheinlich ist das irgend so ein zügelloses Frauenzimmer, so ein lockerer Vogel... Nun, die Frauen sind mir schon ein Volk! Was muß man für ein leichtsinniges Weibsstück sein, Gott verzeih mir, um solch einen Brief an einen unbekannten und dazu noch verheirateten Mann zu schreiben? Eine wahre Demoralisierung!«

In den ganzen acht Jahren seines Ehelebens hatte sich Pawel Iwanytsch der zarten Gefühle entwöhnt, er erhielt außer Gratulationen keine Briefe, und sosehr er sich auch bemühte, vor sich selbst großzutun, der oben zitierte Brief verblüffte und erregte ihn sehr.

Eine Stunde nachdem er den Brief erhalten hatte, lag er auf dem Sofa und überlegte: Ich bin natürlich kein junger Bursche, der zu diesem dummen Rendezvous rennt, aber interessant wäre es doch, zu erfahren, wer das geschrieben hat. Hm... Die Handschrift ist zweifellos von einer Frau. Der Brief ist aufrichtig geschrieben, mit Herz, daher kann es kaum ein Scherz sein... Vermutlich ist das irgendeine Psychopathin oder eine Witwe... Witwen sind überhaupt leichtsinnig und exzentrisch. Hm... Wer könnte das sein? Diese Frage war um so schwieriger zu lösen, als Pawel Iwanytsch in der ganzen Villenkolonie außer seiner Gattin keine einzige Frau kannte. Sonderbar... Er staunte. Ich liebe Sie... Wann hat sie denn Gelegenheit gehabt, sich in mich zu verlieben? Eine merkwürdige Frau! Hat sich so holterdiepolter verliebt, ohne mich kennengelernt zu haben und ohne zu wissen, was ich für ein Mensch bin... Wahrscheinlich ist sie noch sehr jung und romantisch, wenn sie fähig ist, sich nach zwei, drei Blicken zu verlieben... Aber... wer mag sie sein?

Plötzlich fiel Pawel Iwanytsch ein, daß ihm gestern und vorgestern, als er auf der Ringpromenade spazierenging, einige Male eine junge stupsnäsige Blondine in einem hellblauen Kleid begegnet war. Die Blondine hatte ihn immer wieder angesehen und, als er sich auf die Bank setzte, neben ihm Platz genommen...

Ob sie das ist? dachte Wychodzew. Das kann nicht sein! Kann sich denn ein so zartes, ephemerisches Geschöpf in einen alten heruntergekommenen Kerl wie mich verlieben? Nein, das ist unmöglich!

Während des Mittagessens blickte Pawel Iwanytsch stumpf seine Frau an und überlegte: Sie schreibt, sie sei jung und sehe gut aus… Also ist sie keine Alte… Hm… Offen gesagt, um ehrlich zu sein, ich bin noch nicht so alt und so übel, daß man sich nicht in mich verlieben könnte… Meine Frau liebt mich doch auch. Zudem macht bekanntlich Liebe blind.

»Worüber denkst du nach?« fragte ihn seine Frau.

»Nur so… Ich habe ein wenig Kopfschmerzen…« log Pawel Iwanytsch.

Er kam zu dem Schluß, daß es dumm sei, solch einer Bagatelle wie diesem Liebesbrief Aufmerksamkeit zu schenken, er lachte über ihn und seine Verfasserin, aber – o weh! – des Menschen Feind ist mächtig. Nach dem Mittagessen lag Pawel Iwanytsch auf seinem Bett, und anstatt zu schlafen, überlegte er: Aber sie hofft doch wohl, daß ich komme! So eine Dumme! Ich kann mir sehr gut vorstellen, wie nervös sie ist und wie sie mit ihrer Turnüre wackelt, wenn sie mich in der Laube nicht vorfindet…! Und ich gehe nicht hin… Hol sie der Kuckuck!

Aber, ich wiederhole, des Menschen Feind ist mächtig.

Übrigens könnte man vielleicht mal so aus Neugier hingehen… dachte der Sommerfrischler eine halbe Stunde später. Hingehen und von weitem sehen, was das für eine ist... Interessant wäre es! Nur um zu lachen! Wirklich, warum soll man nicht mal lachen, wenn sich eine passende Gelegenheit bietet?

Pawel Iwanytsch stand vom Bett auf und kleidete sich an.

»Wozu putzt du dich denn so heraus?« fragte ihn seine Frau, als sie bemerkte, daß er ein sauberes Hemd anzog und eine modische Krawatte umband.

»Nur so... ich will einen Spaziergang machen... Ich habe ein wenig Kopfschmerzen... Hm...«

Pawel Iwanytsch machte sich fein, wartete, bis es auf acht ging, und verließ das Haus. Als vor seinen Augen auf dem hellgrünen, vom Licht der untergehenden Sonne überfluteten Hintergrund die aufgeputzten Gestalten der Sommerfrischler beiderlei Geschlechts leuchteten, klopfte ihm das Herz.

Welche ist es? dachte er und schielte schüchtern auf die Gesichter der Sommerfrischlerinnen. Aber eine Blondine sehe ich nicht... Hm... Wenn sie das geschrieben hat, sitzt sie sicher schon in der Laube...

Wychodzew betrat die Allee, an deren Ende hinter dem jungen Laub der hohen Linden die »alte

Laube« hervorlugte. Leise schlich er zu ihr hin...

Ich werde nur von weitem gucken... dachte er, während er unschlüssig vorwärts schritt. Nun, warum bin ich so zaghaft? Ich gehe doch nicht zu dem Rendezvous! So ein... Dummkopf! Nur Mut, vorwärts! Aber was wäre, wenn ich doch in die Laube ginge? Nun, nun... das hat keinen Sinn!

Pawel Iwanytsch klopfte das Herz noch stärker... Unwillkürlich, ohne es selbst zu wollen, stellte er sich auf einmal das Halbdunkel der Laube vor... In seiner Phantasie erschien die schlanke, stupsnäsige Blondine im hellblauen Kleid... Er stellte sich vor, wie sie, sich ihrer Liebe schämend und am ganzen Körper zitternd, zaghaft an ihn herantreten, heiß atmen und... ihn plötzlich fest in ihre Arme schließen würde.

Wenn ich nicht verheiratet wäre, würde keiner was dabei finden... dachte er und verjagte die sündigen Gedanken aus seinem Kopf. Im übrigen wäre es gut, einmal im Leben so was zu versuchen, sonst stirbt man, ohne zu erfahren, was dran ist... Und meine Frau... nun, was geschieht mit ihr? Gott sei Dank, acht Jahre lang bin ich keinen Schritt von ihrer Seite gewichen... Acht Jahre makelloser Dienst! Reicht für sie... Ist sogar bedauerlich... Da werde ich eben ihr zum Trotz untreu werden!

Am ganzen Körper zitternd und mit angehaltenem Atem näherte sich Pawel Iwanytsch der Laube, die von Efeu und wildem Wein umrankt war, und schaute hinein... Ein Geruch von Feuchtigkeit und Schimmel schlug ihm entgegen...

Scheint niemand dazusein... dachte er, als er die Laube betrat, aber da erblickte er in der Ecke eine menschliche Silhouette.

Die Silhouette war ein Mann... Als er ihn genauer betrachtete, erkannte Pawel Iwanytsch in ihm den Bruder seiner Frau, den Studenten Mitja, der bei ihm im Landhaus wohnte.

»Ach, du bist das?« murmelte er mit unzufriedener Stimme, während er den Hut abnahm und sich setzte.

»Ja, ich...« antwortete Mitja.

Etwa zwei Minuten vergingen in Schweigen...

»Entschuldigen Sie, Pawel Iwanytsch«, begann Mitja, »aber ich möchte Sie bitten, mich allein zu lassen... Ich denke über meine Kandidatenarbeit nach, und... es stört mich, wenn jemand dabei ist...«

»Aber so geh doch irgendwohin in eine dunkle Allee...« bemerkte Pawel Iwanytsch sanft. »An

der frischen Luft denkt es sich leichter, und ich... möchte... nämlich... auf der Bank hier etwas schlafen... Hier ist es nicht so heiß...«
»Sie wollen schlafen, und ich muß meine Arbeit überdenken. Die Arbeit ist wichtiger...«
Wieder trat Schweigen ein... Pawel Iwanytsch, der seiner Phantasie schon freien Lauf ließ und immer wieder Schritte hörte, sprang plötzlich auf und sprach mit weinerlicher Stimme: »Nun, ich bitte dich, Mitja! Du bist jünger als ich und mußt auf mich Rücksicht nehmen... Ich bin krank und... möchte schlafen... Geh jetzt!«
»Das ist Egoismus... Warum wollen Sie unbedingt hierbleiben, und ich soll gehen? Aus Prinzip gehe ich nicht...«
»Nun, ich bitte dich! Mag ich ein Egoist, ein Despot, ein Dummkopf sein... aber ich bitte dich! Einmal im Leben bitte ich dich! Nimm Rücksicht!«
Mitja drehte den Kopf hin und her...
Was für ein Rindvieh... dachte Pawel Iwanytsch. Das Rendezvous wird doch nicht in seinem Beisein stattfinden! Wenn er dabei ist, geht es nicht!
»Hör mal, Mitja«, sagte er, »ich bitte dich zum letztenmal... Beweise, daß du ein kluger, humaner und gebildeter Mensch bist!«

»Ich verstehe nicht, warum Sie so aufdringlich sind...?« sagte Mitja achselzuckend. »Ich habe gesagt: ich gehe nicht, nun, da gehe ich nicht. Aus Prinzip bleibe ich hier...«
Gerade in diesem Augenblick schaute ein Frauengesicht mit einem Stupsnäschen in die Laube. Als es Mitja und Pawel Iwanytsch erblickte, verfinsterte es sich und verschwand...
Weg ist sie! dachte Pawel Iwanytsch und schaute Mitja böse an. Sie hat diesen Schuft gesehen und ist weggegangen! Alles ist aus!
Nachdem Wychodzew noch etwas gewartet hatte, stand er auf, setzte den Hut auf und sagte: »Ein Rindvieh bist du, ein Schuft, ein Schurke! Ja, ein Rindvieh! Das ist gemein und... und dumm! Wir sind geschiedene Leute!«
»Freut mich sehr!« brummte Mitja, der ebenfalls aufstand und seinen Hut aufsetzte. »Sie müssen wissen, daß Sie mir eben durch Ihre Anwesenheit eine Gemeinheit angetan haben, die ich Ihnen bis zum Tode nicht verzeihen werde!«
Pawel Iwanytsch verließ die Laube und schritt, außer sich vor Wut, eilig zu seinem Landhaus... Auch der Anblick des Tisches, der schon für das Abendessen gedeckt war, konnte ihn nicht besänftigen.
Einmal im Leben hat sich eine Gelegenheit ge-

boten, sagte er sich erregt, und da wird man gestört! Jetzt ist sie gekränkt... verzweifelt!

Während des Abendessens schauten Pawel Iwanytsch und Mitja auf ihre Teller und schwiegen mürrisch... Beide haßten einander aus tiefstem Herzen.

»Warum lächelst du?« fuhr Pawel Iwanytsch seine Frau an. »Nur Dummköpfe lachen ohne Grund!«

Die Gattin schaute in das böse Gesicht ihres Mannes und platzte heraus: »Was für einen Brief hast du heute früh bekommen?«

»Ich...? Gar keinen...« antwortete Pawel Iwanytsch verwirrt. »Das bildest du dir nur ein... alles Einbildung...«

»Ja, ja, erzähle nur! Gib zu, du hast einen bekommen! Diesen Brief habe ich dir doch selbst geschickt! Mein Ehrenwort, ich! Haha!«

Pawel Iwanytsch wurde flammendrot und beugte sich über seinen Teller.

»Dumme Späße!« brummte er.

»Aber was soll man machen! Urteile selbst... Wir mußten heute die Fußböden scheuern, und wie soll man euch aus dem Haus vertreiben? Nur auf diese Weise kann man euch hinausbekommen... Aber sei nicht böse, mein Dummer... Damit es dir in der Laube nicht langweilig werden sollte,

habe ich doch auch an Mitja solch einen Brief geschickt! Mitja, warst du in der Laube?«
Mitja grinste und hörte auf, seinen Nebenbuhler haßerfüllt anzuschauen.

Aus dem Russischen von Wolfgang Dübel

Robert Walser
Der Gauner und seine Braut

Von welch köstlicher Blässe ihre Schürze war! Oft tranken sie abends Kaffee zusammen. Er machte sie darauf aufmerksam, ihr wunderhübsches Gesichtchen habe mit der Stimme eines Vögelchens Ähnlichkeit. Rechtzeitig war er der Gerechtigkeit aus den weitgreifenden Händen gelaufen. Sie bestand aus einem beinahe schon nur noch atemlosen Lauschen, als er ihr erzählte, er habe seine Unbrauchbarkeiten kurzerhand abgetan.

»Hast Du sie wirklich ermordet?« fragte sie ihn, und er wußte nichts Besseres zu erwidern als: »Selbstverständlich.«

Erst jetzt erschien er ihr interessant.

Die Justiz, ließ er nebenher verlauten, umgarne ihn.

Der Schrei, den sie auf diese Eröffnung hin auszustoßen für passend glaubte finden zu dürfen, entzückte ihn.

Auf einer blumengeschmückten Terrasse saß sie mit ihrem neusten Verehrer in nicht endenwollendem Gespräche, doch schon am folgenden

Tag hatte ihr der Gauner Gelegenheit verschafft, den Neuling als unzweifelhafte Erledigtheit, in eine immerwährende Wortkargheit gehüllt, vor sich liegen zu sehen.

»Schuft, der Du bist, lasse Dich küssen«, sprach sie, und indem dies Wort ihren Lippen entfloh, umarmte sie ihn.

Die Landstraßen, die ihn geraubte Eigentümlichkeiten mitfortschleppen sahen, waren lang, und ihm kam vor, als wenn sie dahinrannten.

Sein schlechtes Gewissen glich in seiner Entsetzlichkeit einem aus Unergründlichkeit zusammengesetzten Teich. In seinem Herzen hielten sich Drachen wie in einem Prachtpalast wohnlich auf. Indem er sich seines Verbrechertumes vollauf bewußt sein mußte, zündete er, von Unmittelbarkeit schimmernd, dann und wann auf einem Ausflug ein Haus an, was er einzig um der Schönheit des Flammenschauspiels willen tat.

Ihr Körper war schwanenhafter als je zuvor. Ihre Hände glichen zwei überaus überzeugenden Verlockungen, Gewissenlosigkeiten zu begehen, und es war ihm klar, daß er sie dadurch zur geradezu erstaunlichen Missetäterin machte, daß er ihr stets wieder hübsch vorkam. Seine Halsbinden umflatterten ihn schlangenhaft.

Eines Tages nannte sie ihn einen dummen sowohl wie ungezogenen Menschen, obschon sie dies gewiß bloß sprach, um gezüchtigt zu werden. Doch obgleich er wußte, sie sehne sich von Zeit zu Zeit nach Prügel usw. einbegreifender, schlechter Behandlung, tat er, als sei er gegenüber ihrer befremdenden Bemerkung vollständig ohne Ohr, denn er hatte es ja ohnehin insofern im Leben zu etwas gebracht, als alle Schönen, sobald sie ihm begegneten, mit ihren gleichsam vor ihm zitternden Händen ihr Haar anrührten.
Ihn geringschätzen, hieß das nicht, sich töten?
Von ihm zu denken, er sei nicht gescheit, konnte unmöglich etwas anderes als eine Dummheit sein.
Des Gauners Braut wurde von Tag zu Tag schöner. Er war hie und da mal zu ihr brutal, doch während man am Leben, wenn's uns keine Furcht einflößt, ermatten kann, kann die Furcht beleben.

John Updike
Werben um die eigene Frau

O meine Liebste. Ja. Hier sitzen wir, die Kinder zwischen uns, auf warmen, breiten Dielenbrettern im Halbkreis vor dem Feuer und essen. Das kleine Mädchen und ich teilen uns ein halbes Pfund Pommes frites; du teilst das andere halbe Pfund mit dem Jungen, und in der Mitte, hoch auf seinem Kinderstühlchen, mit niemandem teilend, sich selbst genug wie ein Edelstein, das Baby, das mit stirnrunzelnder Sachverständigkeit an seiner Flasche saugt, während seine eigensüchtigen, nachdenklichen Augen im gestohlenen Glanz der Flammen glitzern. Und du. Du. Du läßt es zu, daß dein Rock, derselbe schwarze Rock, in dem du heute früh mit der sanften Tapferkeit der Frau das Fahrrad bestiegen und dich aufgemacht hast, um auf dem alten Sonntagsschulklavier Choräle in schwierigen Tonarten zu spielen – du läßt es zu, daß dieser schwarze Rock von deinen hochgezogenen Knien über die Schenkel rutscht, die Schenkel *hinauf*gleitet, in die eigentliche Geographie deines Körpers, so daß die weißen Parallelen ihrer

Unterseiten der Wärme des Feuers und meinem Blick preisgegeben sind. Oh. Es gibt da eine Zeile von Joyce. Ich versuche, sie in den legendären, unvollkommen erforschten Höhlen des *Ulysses* wiederzufinden: ein Strumpfband, das Blazes Boylan zu Gefallen in der Tiefe einer Dubliner Budike an einen Schenkel knallt. War's nicht so? Knallwarm. Das war das entscheidende Wort. Knallwarm an den prallen, warmen Weiberschenkel geknallt. So ungefähr. Ein großartiger Mann, so etwas zu empfinden. Das Knallwarme an der Frau. Großartig auch, das seltsame und kraftvolle, unerklärliche und unwiderleglich magische Leben zu spüren, das der Sprache innewohnt. Wie wir so im Halbkreis sitzen, ist mir, als kämen die Kinder, so groß sie sind, mit bronzener Haut und feuchten Fingern und Augen, aus deinem Schoß auf mich zu. Drei Kinder, fünf Personen, sieben Jahre. Sieben Jahre, seit ich das weite weiche warme weißschenklige Weib freite. Umwarb und freite. Weib. Ein messerscharfes Wort, das trotz seiner endgültigen Schärfe dem Werben kein Ende setzte. Zu meiner Verwunderung. Wir essen Fleisch – Fleisch, das ich noch warm den rauhen Händen des Mädchens in der Imbißstube entriß, anderthalb Kilometer entfernt; ein wüster Ort von chromglitzernder, barbarischer

Üppigkeit. Junge Raubtiere bedrohten mich, dreckige Witze knurrend, alte Männer langten mit kaffeewarmen Pfoten nach mir; ich zückte meine Brieftasche und kämpfte mich hinaus ins Freie. Die dicke, fettige braune Tüte mit den Boulettensemmeln lag in dem kalten Wagen warm neben mir; der kleinere Beutel, zwei kleine Pommes frites-Schachteln enthaltend, strömte eine noch aufdringlichere Hitze aus.
Zurück durch die schwarze Winterluft zum Feuer, zu der traulichen Höhle, wo ich mit Hallo und Hurra empfangen wurde, ich und das erlegte Wild, das mit klaffendem Maul und bluttriefender, wattiger Kehle tot über meinen Schultern lag. Und nun du, neben dem weißen Rund des Tellers, auf dem die Kinder mit Quietschern des Abscheus die in die Bouletten eingekneteten, durchscheinenden Zwiebelringe abgelegt haben – du rückst mit den Zehen ein Stückchen näher an die Glut, das fahle Weiß der Innenseite deines unergründlichen Oberschenkels wird träge bloßgelegt, und das ewig elastische Strumpfband schnellt im Verborgenen knallwarm an mein Herz.
Wer hätte gedacht, mein weiches Weib, damals im weißen Zittern der Zeremonie (aus dem Augenwinkel sah ich trotz des ablenkenden Hagels

ominöser Gelübde den an deine Taille gepreßten Stephanotisstrauß beben), daß sieben Jahre und der Weg durch viele warme Betten keine Entfernung zwischen uns und jenen bebenden Ausgangspunkt legen würden. Die Zellen erneuern sich alle sieben Jahre, und tief drinnen im Atom herrscht anscheinend eine seltsame Diskontinuität; als wollte Gott das Universum jeden Augenblick aufs neue. (Ach Gott, lieber Gott, großer Freund meiner Kindheit, ich will dich nie vergessen, auch wenn sie furchtbare Dinge sagen. Sie sagen, die Fensterrosen in den Kathedralen wären Vaginasymbole.) Deine Beine, ganz entblößt wie im Badeanzug, wollen tiefer in die heiße Bernsteinflut tauchen. Nun wohl: laß uns beginnen. Ein grüner Feuerstrahl sprüht aus dem Harznest in einem Holzscheit kreischend seitwärts, und die orangenen Schatten an der Decke schwanken neu belebt. Also, beginnen wir.

»Weißt du noch, auf unserer Hochzeitsreise, wie durch die Platte des Petroleumofens der Feuerschein eine große Fensterrose an die Decke warf?«

»Hmm.« Dein Kinn senkt sich auf die Knie, du ziehst die Schienbeine an, alles ist eingezogen. Vielleicht keine besondere Erinnerung für dich;

häßliche Blutflecken, Ungeschick aller Art. »Es war kalt für Juni.«
»Mammi, was war kalt? Was hast du gesagt?« fragt das kleine Mädchen, wild entschlossen artikulierend, damit die Sprache nicht auf ihrer Zunge ausrutscht und sie umwirft, und wir müssen lachen.
»Ein Haus, in dem Daddy und ich mal gewohnt haben.«
»Ich mag das nich«, sagt der Junge und wirft eine mit grünlichem Senf bestrichene halbe Bouletensemmel auf den Boden.
Du hebst sie auf und fragst in schönem, dunkel sinnendem Ton: »Ist das nicht komisch? Hat sonst jemand Senf darauf gehabt?«
»Ich *hasse* das«, sagt der Junge störrisch. Er ist zwei Jahre alt, und die Sprache gleicht für ihn dicken Handgriffen, die vage an ihm vorüberwirbeln; er greift sich, was er erwischen kann.
»Hier. Er kann meine haben. Gib mir seine.« Ich reiche meine Semmel hinüber, du nimmst sie, er nimmt sie von dir, und nirgends eine Regung von Dankbarkeit. Auch kein Lob für meinen Heroismus, das Sonntagabendessen zu holen und dir die Arbeit zu ersparen. Listig spürst du – und spürst, daß ich spüre, was du weißt – meine Hoffnung, du würdest deine Energien für eine eksta-

tischere Gelegenheit horten. Wir spüren alles, was zwischen uns vorgeht, jede kleinste Regung, ob wirklich vorhanden oder nicht; es ist anstrengend. Der eigenen Frau den Hof machen kostet zehnmal so viel Kraft wie die Eroberung eines unwissenden Mädchens. Die brennenden Scheite verschieben sich und zerstören Fetzen von Zeitungspapier, die in verblaßter Druckerschwärze die Gespenster ihrer Nachrichten tragen.

Du schlingst die Arme um die Beine und ziehst den Rock herunter. Mit einem zischenden Laut, ähnlich dem Seufzen der erschöpften Holzscheite, saugt das Baby den Rest aus seiner Flasche, wirft sie samt ihrer trügerischen, abscheulich gehaltlosen Neige auf den Boden und fängt an zu weinen. Sein Egoistenmund öffnet sich – das zarte Häutchen seiner Sattheit zerreißt. Du nimmst den Kleinen hoch und stehst auf. Du liebst das Baby mehr als mich.

Wer hätte damals angesichts jener Blutflecken gedacht, daß keine Schranke niedergerissen war, daß du nach jedem Mal wieder heil und jungfräulich sein würdest? Groß und schön, dunkel, fern und liebenswürdig.

Wir bringen die Kinder zu Bett, eines nach dem anderen, in umgekehrter Reihenfolge ihrer Geburt. Ich bin grenzenlos geduldig, väterlich, gütig. Aber du weißt Bescheid. Wir sehen zu, wie die Tüten und Schachteln auf dem atmenden Aschenbrett Feuer fangen, wir lesen, sehen fern, essen Cracker, es kommt nicht drauf an. Es wird elf. Einen prickelnden Augenblick stehst du im Schlüpfer auf dem Schlafzimmerteppich und entwirrst dein Nachthemd; oh, dickes weißes süßes dickes Fleisch. Im Bett liest du. Etwas über Richard Nixon. Er fasziniert dich; du haßt ihn. Du weißt, wie er Jerry Voorhis geschlagen, Mrs. Douglas gepeinigt, bei der Marine Poker gespielt hat, obwohl er Quäker ist, du kennst jeden seiner teuflischen Kniffe, seinen ganzen kläglichen Opportunismus. O mein Gott. Lassen wir den armen Mann schlafen gehen. Keiner von uns ist vollkommen. »He, wollen wir nicht das Licht ausmachen?«

»Augenblick. Er ist gerade dabei, Hiss zu überführen. Sehr merkwürdig. Hier steht, er hat redlich gehandelt.«

»Klar hat er das.« Ich strecke die Hand nach dem Lichtschalter aus.

»Nein. Noch nicht. Nur noch dies Kapitel zu Ende. Sicher kommt zum Schluß noch was.«

»Hiss war schuldig, Schatz. Wir sind alle schuldig. Wir werden in Fleischeslust empfangen und

sterben reuelos.« Einst vermochten meine blumigen Worte dich zu locken.
Ich liege an deinen gewölbten Rücken geschmiegt. Du liest auf der Seite liegend, eine Bettgewohnheit. Durch die Fransen deines Haars sehe ich die Buchseite, scharf und weiß wie einen kristallenen Keil. Plötzlich rutscht sie weg. Das Buch ist deiner Hand entglitten. Du schläfst. Oh, so ein hundsgemeiner Trick! Hundsgemein. Im Dunkeln denke ich darüber nach. Hundsgemein. Die Scheinwerfer der Autos lassen dann und wann fächerförmige Lichtschlitze über Wände und Decke gleiten. Die große Fensterrose damals kam von den blütenförmigen Öffnungen in der Platte des schwarzen Petroleumofens, den wir mitten ins Zimmer gestellt hatten. Wenn die Flamme an dem kreisförmigen Docht flackerte, waberte der breite, sanfte Stern verschränkter Halbschatten, als wäre er auf Seidenstoff gedruckt und würde von leichter Hand gezupft oder von trägem Wind gebauscht. Seine Farbe war wie weich verwischtes Blut. Wir zahlen teures Blut für unser friedliches Heim.

Am Morgen bist du zu meiner Erleichterung häßlich. Das fahle Frühstückslicht des Montags macht dich bleich und fleckig, nimmt deiner

Dicke das Gefällige, verwandelt den Bademantel in eine schlaffe, schmuddelige Röhre, die trostlos an dir herabhängt und ein teigiges Dekolleté enthüllt. Die Haut zwischen deinen Brüsten ist traurig gelb. Ich schlürfe deine Reizlosigkeit mit meinem Kaffee. Jede Runzel, jede kränkliche Verfärbung ist mir Erleichterung und Rache. Die Kinder quengeln. Der Brotröster klemmt. Sieben Jahre haben diese Frau verbraucht.

Der Mann, er schießt davon zur Arbeit, er kämpft wacker um die Vorfahrt, er balanciert auf dem schmalen Grat der gesetzlich zulässigen Geschwindigkeit. Raus aus dem muddeligen Wirrwarr des Haushalts, aus allem Weiblichen, Blassen und Schlaffen – hinein in die Stadt. Stein ist sein Reich. Der Erwerb klingender Münze. Das Manipulieren von Abstraktionen. Fühllose Dinge ankurbeln. Oh, die unbeseelten, harten Freuden des Berufs!

Als ich nach Hause komme, ist mein Kopf in einem Mechanismus gefangen. Eine technische Angelegenheit, die dir zu erklären Wochen dauern würde, blockiert mein Gehirn; den ganzen Abend über fummle ich blind mit Formeln und Zahlen. Du servierst mir das Abendessen, wie eine Kellnerin – weniger als eine Kellnerin, denn ich habe dich gekannt. Die Kinder fassen mich schüchtern an, als wäre ich ein unglaublich hoher Träger in einem unbegreiflich hohen Gewölbe. Sie gleiten wohlbehütet in den Schlaf. Wir überleben ihr Entschlafen in übereinstimmender Gelassenheit. Meine Gedanken durchlaufen in stetigen rechten Winkeln immer denselben blockierenden Gitterkreis desselben beruflichen Problems. Die Seiten deines Buches über Nixon rascheln; du entschwindest nach oben ins Bad; die Badezimmerrohre kreischen. Ich scheine endlich den verklemmten Schalter in meinem Kopf gefunden zu haben: ich rüttle daran: er klemmt; ich rüttle nochmals: er klemmt nach wie vor. Ich bin zappelig und schwindlig von zu vielen Zigaretten. Ich wandere ziellos im Zimmer herum.

So bin ich der Überrumpelte, als ich um die bedeutungsvolle zehnte Stunde wieder einmal kehrtmache und du feucht und mädchenhaft und munter mit einem Zahnpastakuß zu mir kommst. Die gewichtige Moral dieser Geschichte: Ein Geschenk, das man erwartet, ist des Schenkens nicht wert.

Aus dem Amerikanischen von Maria Carlsson

Wolfgang Dietrich
Tagelied

Am Tisch liegt schmal dein Kopf wie eine
  Mandel.
Die Lippen gleichen sich wie durchgepaust.
Wenn ich den Kuß aus dir entkerne, saust
Mir Gift zur Hüfte und spannt unterm Mantel.

Die Schlange, daß sie gegen dich sich kehre,
Und schwebend züngle. Dir scheints nicht
  verkehrt.
Natürlich! Jedem, der sich um dich schert,
Zeigst du den Krebs, entschränkst die Schenkel-
  schere!

Die Tüte Nacht hat Tag bald aufgeschnitten.
Noch kurz in deinem Walfischbauch, du Frau,
Muß ich wie Jonas stöhnen, stoßen, kommen.

Dann Fahrplan lesen. Uhr ist blind von Tau.
›Du süßer Spinner, was hat uns geritten?
Ich hab die Pille gestern nicht genommen!‹

Cecilie Löveid
Tanzfjord

(Der Seemann)

ICH HATTE IMMER DIE ÜBLICHEN GESCHICHTEN ERZÄHLT: MEIN VATER SEI IM MEER ERTRUNKEN IN EINEM STURM ALS SEERÄUBERKAPITÄN, ABER ES IST JA NICHT AUSGESCHLOSSEN, VIELLEICHT IST ER WIRKLICH ERTRUNKEN, DACHTE ICH

Etwas bei Mats gab mir Sicherheit.
(Ich habe einen Liebhaber, der mich bestätigt. Einen, der alle Bedürfnisse erfüllt, sexuelle, meine Unersättlichkeit im Geben und im Nehmen. Händedrücke, Sätze.) Aber die Frage blieb unausgesprochen: Soll es so sein wie jetzt, ist das wirklich Mats?

Ich hatte Mats zum Händchenhalten. Konnte Mats an der Hand halten, wenn ich Vater an der Hand halten konnte. Alt genug und selbständig genug, mutig. Konnte sogar meine Hand von beiden zurückziehen, wenn ich wollte. Dachte ich.

VATER WAR EIN WEISSES HEMD MIT KRAWATTE
UND SEIN KOPF EIN GLOBUS UNTERTEILT IN LÄNGEN- UND IN BREITENGRADE
SAH AUF MEINE SOMMERSPROSSIGEN ARME IM SCHWARZEN PULLOVER

Ob Vater sommersprossige Arme gefallen würden?
Mir gefallen sie nicht. Es ist nicht sicher, daß sie ihm gefallen. Aber vielleicht hat er selber genau solche Arme. Vermutlich. Werden mir seine Arme gefallen? Vermutlich werden mir sommersprossige Arme nicht gefallen.

Ich lachte, glaubte keine Sekunde an meinen Entschluß. Besser gesagt: ich stellte mich rechtzeitig auf die Enttäuschung ein.

EINE, DIE ALLEIN IST UND AUF DER SUCHE NACH ETWAS, DAS IN ALLEN BÜCHERN VORKOMMT ODER BEWUSST VERMIEDEN WIRD

Ich heiße Kersti Gilje.

PESTGERUCH, VERWESUNG – PFUI, PFUI, PFUI! – PAH! PAH! GIB ETWAS BISAM, GUTER APOTHEKER MEINE PHANTASIE ZU WÜRZEN

Vater hieß er und weinte, als er geboren wurde. Aber schon als er aufrecht in Mutters riesengroßer scharlachroter Möse saß, glitzerte er und sonnte sich.

Wenn er groß wäre, wollte er zur See gehen: Das war so herrlich gefährlich. Durch salzige Stürme fahren, sich Kinder anschaffen, denen er Kleider kaufen konnte, die Gesichter seiner Kinder, seine Gewissensbisse sammeln!

Er richtet sich auf und erklärt: *Wenn* er schon sterben muß, dann nur in einer Frau!

Er richtet sich auf unter der rotierenden Sonne, steht breitbeinig an Deck mit Apfelsinen und gefüllten Pralinen in der Schamkapsel und schreit: Ein Seemann muß weite Hosen und ein geometrisches Bewußtsein haben!

DAMIT ICH ALS EINE NOCH FREIERE PERSON AUFTRETEN KANN
(Das Zeichen des Frosches)

Der Bus ist eine Backform. Ich sitze darin und beginne zu schweben, sehe die Sonne. Die Spannung steigt. Endlich habe ich mich dazu durchgerungen, Vater zu besuchen. Er wohnt in einer Art Kurheim für Blinde und Sehbehinderte. Auf seinem Schiff war ein Feuer ausgebrochen. An der Haltestelle stehen große, unverschämt duftende Pflanzen, und eine lächelnde normalsichtige Frau vom Küchenpersonal erwartet mich. »Guten Tag, ich bin das neue Küchenmädchen«, sage ich und gebe ihr die Hand. Aber unten im Gras, am Grabenrand, hinter den nackten Beinen und Blumen – wer wartet da, blinzelnd und atmend?

Ich muß die lange Kellertreppe zu meinem Zimmer hinuntergehen. Die Wände sind mit dicken Teppichen bespannt. Der Blindenhund leckt mir das Ohr und bleibt vor der ersten Stufe stehen, damit ich nicht falle. Er führt mich hinunter. Unten, in der Dunkelheit, jault er plötzlich auf. Wer hüpft da auf dem weichen Teppich herum? Ich finde ein Bierglas, fange den Frosch und sorge dafür, daß er raufkommt, ins Sonnenscheingras, in die Freiheit, daß kein Blinder auf ihn tritt.

Oben im Aufenthaltsraum stelle ich mich dem Seemann vor:
»Ich bin das neue Küchenmädchen.«
Er sieht nichts. Er kann sich nicht verstecken. Er hat Cassetten mit Seemannsmusik bei sich. Er sieht nichts. Draußen auf der Terrasse tappen die Blinden umher und suchen ihre Blindenhunde.

»Schönes Wetter heute.« Ich sehe ihn. Wie ich sehe, ist er zwar noch attraktiv, aber gebeugt vom ständigen Tasten nach wirklichen oder imaginären Stühlen und Türen. »Ich bin das neue Küchenmädchen.« Er hat mich seit zwanzig Jahren nicht mehr gesehen. Ich glaube, er richtet sich nach Gerüchen und muß lernen, sich an der

Raumakustik zu orientieren. »Ich bin das neue Küchenmädchen.«

Das Grundstück ist groß, das Haus eine Reedervilla.
Der Rhododendron blüht. Es summt und surrt. Mit dem Seemann taste ich mich an Metallrohren und Halteseilen entlang nach unten, wir wollen im Fjord baden. Wir können zwischen dem Fjord und einem geheizten Schwimmbad wählen. (Unterstützt das Blindenhilfswerk, kauft Lose.) Er geht einen Schritt hinter mir. Ich habe noch nie einen Blinden geführt. (Vielleicht sitzt er dort im Gras, mit einem kleinen Abhörgerät im Hinterbein?) Ich mache die Augen zu und versuche, mich blind zu stellen, bin aber so ängstlich, daß ich sie nach zwei Sekunden wieder öffnen muß. Er ist attraktiv. Seine alte Anziehungskraft ist noch stärker geworden. Er fragt, wie ich aussehe.
Vom Teufel geritten, gebe ich ihm völlig verkehrte Auskünfte. (»Ich bin das neue Küchenmädchen.«)
Ich lüge in bezug auf meine Haarfarbe und behaupte, meine Augen seien blau.
Das Wasser im Schwimmbecken liegt ganz unberührt. Dicht neben ihm ziehe ich das Kleid über

den Kopf, laufe ins Becken, rufe ihn. Er schämt sich, will sich nicht ausziehen. »Komm schon«, rufe ich. (»Ich bin das neue Küchenmädchen.«)

Ich schlinge die Beine um das Warmwasserrohr. Niemand kann mich sehen. Ein schönes Gefühl, im Wasser mit zwei verschiedenen Temperaturen zu spielen.

Der Seemann nähert sich vorsichtig, streift graziös die gelben Badeschuhe ab. Ich schwimme los und nehme ihn mit, um ihm den gemeißelten Springbrunnen zu zeigen, der lächelt und uns Frischwasser zuspuckt. Taste mich vor wie ein Kunsthistoriker in Nordnorwegen auf der Suche nach unpolierten Felszeichnungen.
(»*Hat der Renbock ein Auge? Nein, der Renbock hat nie Augen. Er darf seinen Jäger doch nicht sehen!*«)

Ich schwimme von dem Seemann weg; er kann schließlich nicht wissen, wo ich schwimme. Mit typischen Flirtbewegungen umschwimme ich seine vorsichtigen Armzüge. (»Ich bin das neue Küchenmädchen.«) Was ich mache, ist gemein. Meine Mutter hat den Seemann immer als anziehenden Mann, als einen Frauenhelden mit Ausstrahlung beschrieben. Die Regeln dieses Spiels sind schwer ausfindig zu machen. Wir brauchen Würfel mit erhöhten Punkten, keine Blindenschrift, keine schleppenden Cassettenstimmen vom Blindenverband. Plötzlich verwandelt er sich von einem grünen Star in einen grünen Frosch. Bekommt mein Haar zu fassen. (Ich sagte blond, nicht dunkel wie seins.) Er nimmt meine Haare in den Mund, um sich an mich zu hängen. Er gibt vor, ein kopulierendes Froschmännchen zu sein; ich schwimme ein paar Züge mit dem Seemann auf dem Rücken, im Scherz. Er beginnt zu zittern. »Wollen wir nicht versuchen, ein wenig im Fjord zu schwimmen?« schlage ich, das neue Küchenmädchen, vor.

»Geh nicht allein hinaus«, rief sie. »Es ist glatt.« Er wollte es mit dem Meer versuchen. Noch nie war er im Meer geschwommen, trotz seiner dreißig Jahre auf hoher See. Er hatte immer einen Boden unter den Füßen gebraucht. Die Schwimmbecken auf den Schiffen waren ihm in Tropennächten gerade recht gewesen.

Er schnupperte. Er tastete sich mit den Zehen vor. Er hielt sich an einem großen Stein fest, bevor er sich zitternd ins Wasser gleiten ließ.

Sie war dicht hinter ihm. »Geh nicht allein hinaus«, sagte sie. »Du könntest ausrutschen.«
Er lächelte zähneklappernd.
Aber sie folgte ihm. Die gelben Badeschuhe standen immer noch am Beckenrand. Keine Boote auf dem Fjord. Keine Leute, keine Feinde. Der Wind war anderswo beschäftigt. »Wenn jetzt jemand schreit, kann man es bis in die Stadt hören«, dachte sie. Die Sonne hatte sie verlassen.

Sie schwamm um ihn herum. Immer wieder schwamm sie um ihn herum, wie eine Robbe um ihr Junges. Die Sonne hatte sie verlassen. Er bekam wieder ihre langen Haare zu fassen. »Schwimm doch«, rief sie. Er hatte es noch nie im Tiefen versucht. »Keine Angst, die ganze Schärengegend ist gesäubert, hier gibts nichts Gefährliches.« – »Schwimm du zuerst«, sagte er. »Bist du da?« – »Ja doch«, sagte sie, die Seejungfrau. »Komm schon, Kapitän.«

Er machte ein paar prustende Schwimmzüge, dann lag er plötzlich auf ihr, obwohl sie einen ganzen glatten Tanzfjord weit Platz hatten. Sie lag auf dem Bauch über einem glitschigen runden Stein im Wasser.

»Ich habe immer... ich habe immer überlegt... was dein Haar wohl für eine Farbe hat.«
»Blond.«
Er konnte nicht wissen, ob sie runde oder flache Brüste hatte.
»Wasserstoffblond«, sagte sie.
(Und dachte: Schwarz wie trockener Tang und Augen wie die Rabenkönigin.)
Sein Körper, nackt jetzt und nahe.
Sie bekam Angst.
Ihr Kopf platzte.
Ihr Körper will, süß, böse.
Ihre Kraft, seine Schwäche, tastend und ausgeliefert.
»Wenn jetzt jemand schreit, kann man es bis in die Stadt hören.«
Sie legte ihm liebevoll die Arme um den Hals. Wie eine dünne Siebenjährige, die sich vor dem scharfen Duschstrahl in der Schule fürchtet.

Der glatte Schleim auf den Steinen.
Sein Brustkasten mit den grauen Haaren. Die Zähne.

Die Hände rutschten ihm an den Hals, wollten ihn ersticken, ihn untertauchen.

»*Ich liebe dich*«, schrie sie, man konnte es bis in die Stadt hören. »*Ich liebe dich, liebe dich, liebe dich!*«

»Hallo«, rief eine Stimme vom Weg oben, »ihr da unten, habt ihr Probleme?«

Aus dem Norwegischen von Astrid Arz

Barbara Maria Kloos

Jungfernflug

Noch einmal packt sie diese Gier
Nach einem kalten Kavalier

Nach einem krummen Einzelgänger
Pferdefuß und Rattenfänger
Nach einem naßrasierten Schädel
Asketenleib mit kurzem Säbel
Nach einem scheuen Musterknaben
Neunmalklug in sich vergraben
Nach einem süßen Melodram
Einem Jüngling, der nicht zahm
Das Salz von ihren Füßen lutscht
Der nicht dienert, der nicht flutscht
Der nicht schwänzelnd sie umkreist
Sie nicht einseift, sondern beißt
Der nach tausend tiefen Blicken
Sich empfiehlt mit einem Nicken

Ach, sie ist ganz krank vor Gier
Nach einem kalten Kavalier

Jayne Anne Phillips
Sklave

Immer öfter sehnte sie sich nach Orgasmen. Sie beobachtete ihre Männer beim Orgasmus, wie sie mit geschlossenen Augen auf ihrem pfeifenden Atem davontrieben, völlig weg. Sie hatte das Vergnügen, ihnen beim Abflug behilflich zu sein, und sie gehörten zu ihr, bis sie wieder zurückkehrten. Sie hatte sich die Gesichter eingeprägt, in diesen Augenblicken der Benommenheit. Oft geschah es, daß sie dann dieses Gesicht vor sich sah und nicht dasjenige, mit dem sie gerade sprach, und sie wußte, daß dieser Mensch selbst nie sein Gesicht in einem solchen Augenblick gesehen hatte. So wurde das Gesicht zu ihrem Geheimnis. Sie kriegte jedesmal einen klitzekleinen Orgasmus vor Angst, wenn sie nach langer Trennung jemanden wiedersah, den sie liebte, der andere aber gewöhnlich nichts mehr für sie übrig hatte. Es hatte damit angefangen, daß sich tief in ihrem Innern etwas überschlug. Dasselbe peinigende Gefühl, als würde sich etwas in ihr überschlagen, hatte sie auch, wenn sie etwas Frivoles las oder einer erregenden Erinnerung nachhing.

Und sie spürte es, wenn sie jemanden begehrte. Wenn sie masturbierte, hatte sie immer einen kurzen, heftigen Orgasmus, überschlug sich zehnmal und schlief entspannt ein. Doch mit Männern kam sie nur selten zum Orgasmus. Sie stand darauf, mit einem Mann zu vögeln, wenn sie ihn begehrenswert fand. Die Burschen bäumten sich auf, hoben ab, waren völlig paralysiert, und in diesem Augenblick bekam sie, was sie wollte. Es gab einen Mann, mit dem sie sich gerne unterhielt, den sie aber nicht sonderlich anziehend fand, weil er ihr zu ähnlich war. Was er zu bieten hatte, hatte sie selber. Sie konnte ohne ihn auskommen, denn wenn er kam, gab es nicht diesen Triumph, die Trennungslinien zwischen beiden zu durchbrechen, ihn für sich zu gewinnen. Schließlich rückte sie damit heraus, daß sie Männer zwar mochte, doch selten mit einem zum Orgasmus kam, den sie immer nur dann kriegte, wenn sie sich's selber machte. Geduldig sprachen sie darüber. Danach hatte sie noch weniger Lust, mit ihm zu schlafen, denn nun hatte sie ihre Macht enthüllt, zudem noch gefestigt. Er war nun noch schärfer drauf, mit ihr zu vögeln, doch seine Unsicherheit rührte daher, daß er sich über seine Macht im Zweifel war. Sie hatte das Gefühl, daß er ihr nicht mehr ebenbürtig war, und sie wollte ihn nicht mehr. Die Beziehung kühlte ab. Eines Tages rief er sie an, und es entspann sich ein Streit, bei dem ein jeder dem anderen seine Schwächen vorhielt. Sie war ihm überlegen, und er sagte zu ihr, Fick dich doch selbst, das kannst du ja sowieso besser, als ich es je könnte. Sie saß da und lauschte auf das Amtszeichen im Telefon. Sie wußte, was er dachte, daß sie nämlich die Oberhand habe, weil sie ihn zum Orgasmus bringen konnte, aber er sie nicht. Er kannte das Geheimnis ihrer Macht, sie aber kannte das Geheimnis seiner Machtlosigkeit. Das beschämte ihn. Er fühlte sich einsam, doch frei, denn er meinte, daß Macht und Unfreiheit nur zum Problem wurden, wenn man zu zweit war. Sie wußte, ihre Macht über ihn hatte sie nur deshalb, weil sie Macht über sich selbst hatte. Das Telefon begann ihr wie wild ins Ohr zu tuten. Wenn sie alleine war, spürte sie, wie ihre Macht sie hochhielt. Aber was hatte sie davon?

Aus dem Amerikanischen von Walter Hartmann

Joyce Carol Oates
Eine sentimentale Begegnung

Jene Tage strahlend in flimmerndem, fluoreszierendem Licht, als sie kaum Schlaf brauchte. Zähe kleine Knoten im Blut, die nur mühsam das Herz passierten und sie wachhielten, zu jeder Tages- und Nachtzeit hätte sie mühelos ihren Namen, den Sinn ihres Lebens herausstammeln können. Der Geruch alter Bücher, erst gehaßt, dann geliebt, die Tatsache, daß es so viele Bücher in so vielen Sprachen gab und niemand von ihr erwartete, daß sie alle verstand.

»Ausgang«, das rote Leuchtschild, mit dem sich so viele Bedeutungen verbanden. Das Summen der unsichtbaren Ventilatoren. Flüstern, Kichern, täppische Liebesspiele hinter hohen Bücherregalen: Studenten, frech und verspielt wie junge Hunde. Sie war Dozentin an einer berühmten Universität, aber sie teilte sich selbst Belohnungen zu wie eine mißtrauische Mama, die den Nachtisch verteilt: Du *weißt* natürlich, daß du das nicht verdienst, aber... Atemlos stürmte sie ein halbes Dutzend Treppenfluchten hinunter, vom fünften Stock bis zur C-Ebene, da summten und dröhnten die Ventilatoren erst richtig, da wußtest du, das Eigentliche war ganz nah, mit Händen zu greifen, du fühltest die Erregung, die schwindelnde Angst. Der Kellerraum mit den Verkaufsautomaten roch nach Zigarettenrauch, verschüttetem Kaffee, nach einer Tagesration an Kippen, zerknüllten Servietten, nach dem Schweiß des feisten Jungen, dem Zottelhaar des Mädchens mit dem Pickelgesicht. Ein leiser süßlich-ranziger Geruch war um den indischen Studenten, einen jungen Mann mit schönen, erschrockenen Augen, der manchmal C. anschaute, obwohl dies ein Ort war, an dem niemand schaute oder sprach oder lächelte, ein Ort der Zuflucht und des totalen Alleinseins, der Trost klebriger Tischplatten, einer Uhr mit grellem Zifferblatt, wenn man genau aufpaßte, kommt man die schwarzen Zeiger vorrücken sehen. Die Automaten flimmerten und vibrierten, ihre bunten Lichter – rot, grün, bernsteinfarben – erinnerten an ungeheure einsame Vergnügungen, geheime Freuden. Es war ihre Taktik, mit gesenktem Kopf einzutreten, ohne irgend jemanden anzusehen, rasch prüfend, ob ihr Tisch in der hintersten Ecke belegt war, ihr Herz tat einen zornigen Schlag, wenn jemand gewagt hatte, ihn zu besetzen.

Hier war sie unsichtbar, denn diesen Raum betraten nur Unbekannte. Hier konnte sie stundenlang arbeiten, von der Mitte des Nachmittags bis zur Schließung der Bibliothek um Mitternacht, gewissenhaft machte sie sich Notizen aus großformatigen Büchern, trank Kaffee, der ihr Blut in Wallung brachte, manchmal, wenn sie großen Hunger hatte, aß sie Kartoffelchips, stückweise, ein Chip nach dem anderen, sie genierte sich ein bißchen, ihre Nerven spannten sich bei dem Geräusch der knisternden Zellophantüte, die sie nie zu überlisten vermochte. Wenn sie wollte, konnte sie den Kopf auf die Arme legen, nicht zum Schlafen, sondern um Ruhe in ihre Gedanken zu bringen, dann sah sie etwa einen Skifahrer, der im Schuß einen grellweißen Hang hinunterraste, der Atem stockte ihr vor so viel Eleganz, so hohem Risiko, es war nie jemand, den sie kannte, zuweilen sah sie betroffen einen Wasserfall ganz dicht vor sich, blendendweißes strudelndes Wasser, und wartete auf das Erscheinen einer menschlichen Gestalt, aber sie wartete vergebens... Manchmal war sie ganz allein in dem Kellerraum, aber das war ein seltenes Privileg. Am späten Nachmittag war es immer voll dort unten, nach neun waren nur noch die Unbekannten da, die ihr allmählich bekannt und vertraut wurden, ohne daß sie ihnen je einen Blick gönnte, und auch sie achteten die Privatsphäre anderer, immer setzten sie sich an leere Tische, möglichst mit dem Rücken zueinander, und verhielten sich sehr still. Sie sprachen nie jemanden an, vielleicht weil es nichts zu sagen gab. Nie setzten sie sich an ihren Tisch, auch wenn sonst kein Tisch frei war, sie waren inzwischen auch Meister in der Kunst des schnellen Rundblicks von der Tür aus und des raschen Rückzugs, wenn die Umstände nicht günstig waren, etwa wenn eine Gruppe lärmender Studenten sich um einen Tisch geschart hatte, redend und rauchend, lachend, flirtend, oder wenn der altersdürre eremitierte Slawistikprofessor auftauchte, gesüßten Kaffee trank und an einer alten Pfeife nuckelte, in jugendlicher Manier bemüht, ein Gespräch in Gang zu bringen, wozu ihm jeder und jede recht war, selbst C., die so ersichtlich keine Zeit hatte, oder der feiste Junge mit dem pfeifenden Atem und den seltsam zuckenden, unkoordinierten Bewegungen, der so grob werden konnte, wenn es nötig war.

Wochen und Monate, Stunden, in denen die Uhrzeiger an dem gewaltigen weißen Zifferblatt klebten, um unversehens einen hinterhältigen Sprung zu tun, das Summen und Vibrieren, die Automaten liefen im Innern der Erde, Geruch nach abgestandenem Zigarettenrauch und nicht mehr frischen, ungewaschenen Körpern, nicht dem ihren oder vielleicht doch, sie hatte keine Zeit, an Körperliches zu denken, immerhin war sie eine hochangesehene junge Wissenschaftlerin, die unendlich viel Arbeit vor sich und nur eine endliche Zeitspanne zur Verfügung hatte. Eine Seite folgte der anderen, ein Buch folgte nahtlos dem anderen; mit größter Geschwindigkeit abgefaßte und möglicherweise sinnlose Anmerkungen entstanden in einer Schulmädchenschrift, an der die Grundschullehrerin stets ihre helle Freude gehabt hatte, von der C. aber insgeheim wußte, daß es nicht ihre war. Wochen und Monate, ein Herbst und ein Winter und ein trübgraues, regnerisches Frühjahr, mittlerweile kannte sie den bleichen, feisten Jungen gut, ohne daß sie ihm je direkt ins Gesicht zu sehen brauchte, sie kannte das Mädchen mit dem Pikkelgesicht, das Deutsch studierte und eine Dose Coca-Cola nach der anderen leerte, dann gab es noch den indischen Studenten mit der Olivenhaut, seinen makellos gebügelten weißen Hemden und dem seidigen dunkelbraunen Turban, mit Augen, die flink und flüchtig waren wie kleine Fische, mit dem schiefen, melancholischen Lächeln und einer seltsam zwanghaften Vorliebe für Orange Crush (einem Getränk von giftigbuntem Aussehen, auf den Dosen stand in winzigen Buchstaben *Dieses Erzeugnis enthält keinen Fruchtsaft*...), und dann war da noch – seltener – ein Mathematiker mit blondem Bart, der lange ohne jede Regung dasitzen und die Betonwand wenige Meter vor seinen Augen anstarren konnte... und ein sehr schwarzer, sehr ungeduldiger junger Afrikaner, der auf die Verkaufsautomaten eindrosch, wenn sie sein Geld geschluckt hatten oder neben dem Fach, das er angepeilt hatte, das Leerzeichen aufleuchten ließen, er verschwand in den Weihnachtsferien und tauchte nie wieder auf. C. hatte ihn gehaßt, aber nun fehlte er ihr. Im Traum sah sie den Kellerraum, und sie selbst fehlte, sah ihren Stammtisch in der Ecke, leer, und überlegte, was das bedeuten mochte.

Eines Abends fing der feiste Junge an, vor sich hinzubrabbeln und in sich hineinzulachen, er warf Münzen in einen Automaten nach dem anderen, er rannte ins Treppenhaus, um dort unbeobachtet zu verschlingen, was er gezogen hatte, ein Eis, Kartoffelchips, eine Dose Coca-Cola, eine Dose Seven-up, ein, zwei, drei Schokoriegel, jawohl, er wußte, daß sie zusahen, jawohl, er wußte, daß sie nachzählten, sie erwarteten jeden Augenblick, daß er die Treppe hinaufrennen und verschwinden würde, aber er rannte nicht die Treppe hinauf, er dachte nicht daran zu verschwinden, er ging nur ins Treppenhaus, um zu verschlingen, dann kam er keuchend wieder und warf weitere Münzen ein, sein Gesicht war schlaff und glänzte käsig, in seinem Blick war etwas Herausforderndes, C. sah den Wahnsinn, der ihn umgab, dabei saß sie mit gesenktem Kopf da, die Augen auf die Seite vor sich gerichtet, sie hörte sich erschrocken fragen: *Ist etwas? Kann ich irgend etwas tun?* dabei verhielt sie sich in Wirklichkeit völlig still, sie sah nicht hoch, sie flüchtete nicht, wie es nach und nach andere taten.

Minuten vergingen, der Kampf, die Belagerung, dauerte an, der feiste Junge wußte, daß sie sich vor ihm duckten, er wußte, daß er sie in die Enge getrieben hatte, schließlich waren nur noch C. und der indische Student da, C. beugte sich zitternd über ihre Bücher, der indische Student musterte verstohlen den feisten Jungen, denn im Wahnsinn liegt etwas Ehrwürdiges, etwas Heiliges, zumindest wenn es der Wahnsinn eines Fremden ist.

Doch dann endete die Belagerung, die etwa um zweiundzwanzig Uhr zehn begonnen hatte, unvermittelt um zweiundzwanzig Uhr dreißig, als die schweren Schritte des feisten Jungen von der Treppe widerhallten und C. und der indische Student allein waren, plötzlich allein, und er wandte sich um und blickte sie an, und sie blickte zu ihm hoch, und sie lächelten, erschöpft, erleichtert, seltsam ausgelassen, dann griff er nach seinen Büchern und ging, aber C. hatte den Eindruck, daß er nicht endgültig gegangen war, daß er auf sie wartete, auf dem Treppenabsatz vielleicht, auf der B-Ebene vielleicht, in der dunklen Nische neben dem Fotokopierer... Sie spürte Panik, spürte fiebernde Erregung, aber ob es die des feisten Jungen war oder ihre eigene, das hätte sie nicht sagen können.

So sah sie denn ohne Überraschung, aber mit einigem Herzklopfen, daß er tatsächlich aus dem Schatten der verlassenen B-Ebene auftauchte, wo er gewartet hatte, schwindelig, trunken wie sie, vor Erregung schwitzend, es war jetzt zweiundzwanzig Uhr fünfunddreißig, sie hatten noch reichlich Zeit, ehe die Bibliothek geschlossen wurde, eine gute Spanne Zeit, trotzdem war er voller Hast und Gier, die weißen, weißen Zähne blitzten in einem Lächeln auf, das sie sehr gut zu kennen meinte, die dunkle Haut verströmte Hitze, sie spürte, wie sich ein spitzer kleiner Knoten durch ihr Herz drängte, aber sie leistete keinen Widerstand, sie gab sich hin, wortlos und ungeduldig wie er, harte, rasche Lippen, suchende Zungen, denn wer würde es erfahren, wer sollte Zeuge sein, sie schmeckte Angst in der Kehle, aber sie hatte die Arme um ihn gelegt, ihre Nägel gruben sich in die glatte Frische seines Hemdes, sie roch Haaröl, roch etwas Dunkles und Süßes und leicht Ranziges, seit Wochen roch sie es schon, sah, wie die schlauen unverschämten Augen über sie streiften, spürte, daß die dunkle, olivfarbene Haut brannte wie ihre eigene, diese Seligkeit, diese Wonne, die wahnsinnige schwindelerregende Lust, eine Leidenschaft wie in ihren geheimsten Wünschen, unwiderstehlich (denn er war stark, er war kundig, er war trotz seines zierlichen Körperbaus keiner, mit dem man spielte) – auch wenn sie den Wunsch gehabt hätte zu widerstehen, und sie hatte ihn nicht, für Widerstand war es viel zu spät.

Natürlich sahen sie sich nie wieder, sie hatten nicht einmal ihre Namen ausgetauscht.
Danach mied sie den Keller mit den Verkaufsautomaten für immer, nur noch ganz selten wagte sie sich überhaupt in die unter der Erde liegenden Etagen der großen Bibliothek, sie lernte es,

sich rasch abzuwenden, wenn sie einen Mann – irgendeinen Mann – mit Olivenhaut und Turban erblickte. Auch dicken jüngeren Männern, die sich als der feiste Junge entpuppen mochten, ging sie aus dem Weg.

Es war der Junge, der ihr im Traum erschien, nicht ihr indischer Liebhaber, ein weißes, glänzendes Gesicht, schlaue und wissende Augen, der Splitter im Herzen, der rasche heiße Blick des Erkennens.

Aus dem Amerikanischen von Renate Orth-Guttmann

Max Goldt

Eines Morgens
ich wollte gerade duschen
kam ein Telegramm.
Handtuch um die Lenden
las ich wie im Fieber.

»Komm bitte heute um drei
ins Buschwindrosenwäldchen.
Wir passen zueinander.
Herzlichst, die Liebe«

Ich hatte mich gesehnt
und wirklich sehr
und dachte, nichts wie hin.

Im Wäldchen aber war
von Buschwindrosen keine Spur.
Es lagen nur Kondome im Laub
und benutztes Toilettenpapier.

Die Liebe war auch nicht zur Stelle
und auf der benachbarten Mülldeponie
buhte ein bissiger Wind.

Ungeduscht, geduzt und ausgebuht
fuhr ich in einer überfüllten U-Bahn
weh nach Hause.

Raymond Jean, *Die Vorleserin*. Aus: Die Vorleserin.
© Franz Schneekluth Verlag, München 1991.

Anton Tschechow, *Rendezvous in der Sommerfrische*.
Aus: Gesammelte Erzählungen
© Rütten und Löning, Berlin 1967.

Robert Walser, *Der Gauner und seine Braut*.
Aus: Werksausgabe Band 12,
© Suhrkamp Verlag, Frankfurt/Main 1978.

John Updike, *Werben um die eigene Frau*.
Aus: Werben um die eigene Frau.
© Rowohlt Verlag, Reinbek 1971.

Wolfgang Dietrich, *Tagelied*.
Aus: Wie sie erröten, die Pflastersteine.
© Verlag Huber & Klenner, München 1981.

Cecile Löveid, *Der Seemann*. Aus: Sog,
Claassen Verlag, Hildesheim 1987.

Babara Maria Kloos, *Jungfernflug*.
Aus: Die Tage waren wie Ballons.
© Franz Schneekluth Verlag, München 1991.

Jayne Anne Phillips, *Sklave*.
Aus: Das himmlische Tier.
© S. Fischer Verlag, Frankfurt/Main 1981.

Joyce Carol Oates, *Eine sentimentale Begegnung*.
Aus: Das Rendezvous.
© Deutsche Verlags-Anstalt, Stuttgart 1992.

Max Goldt, *eines Morgens…*
Aus: Die Radiotrinkerin.
© Haffmans Verlag, Zürich 1991.

Die Deutsche Bibliothek – CIP-Einheitsaufnahme

Das Buch der Leidenschaft: Anthologie/
hrsg. von Hans Christian Rohr
München : Schneekluth, 1993

ISBN 3-7951-1288-5

ISBN 3-7951-1288-5

Umschlaggestaltung: r · m · e Grafik, München
Satz: Utesch Satztechnik, Hamburg
Gesetzt aus der New Caledonia 9/11 Pkt.
Druck und Bindung: Offizin Andersen Nexö, Leipzig
Printed in Germany 1993